# Magia aplicada

Dion Fortune

Publicação original: 1922 – 1930
Edição e tradução: Hugo Ramirez
Livro eletrônico: Templo
Versão atual: dezembro/2022

# Índice

1. A Via Ocultista ............................................................. 7
2. Algumas Aplicações Práticas do Ocultismo ........................ 13
3. A Mente Coletiva ......................................................... 21
4. A Psicologia do Ritual .................................................. 31
5. O Circuito de Força ..................................................... 35
6. Os Três Tipos de Realidade ........................................... 43
      Os Habitantes do Invisível ......................................... 46
         I. As Almas dos que Partiram ................................. 47
         II. Projeções dos Viventes ...................................... 49
         III. As Hierarquias Angelicais ................................. 50
         IV. Elementais ...................................................... 51
7. Não-humanos .............................................................. 55
8. Magia Negra ............................................................... 63
9. Um Corpo Mágico ........................................................ 67
10. O Campo Oculto Hoje .................................................. 75
       Elementos Subversivos no Movimento Ocultista ............... 87
       Ocultismo e o Submundo ............................................ 90
       O "Perigo Judeu" ...................................................... 94
11. Glossário Esotérico .................................................... 99
       O Logos ................................................................... 99
       Os Manus ................................................................ 100
       Os Mestres .............................................................. 100
       A Centelha Divina .................................................... 100
       A Individualidade, ou Eu Superior .............................. 101

O Eu Inferior, Personalidade, ou Projeção ........................ 101
A Alma.............................................................................. 101
Raças-Raiz ....................................................................... 102
Os Arquétipos ................................................................. 103
Anjos Raciais .................................................................. 104
Anima e Animus ............................................................. 105
A Sombra - O Habitante do Limiar ............................... 105
Os Mestres ...................................................................... 107
Símbolos Raciais - Animal ............................................. 107
Formas Arquetípicas e Psicologia.................................. 107
A Imagem Contrassexual ............................................... 108
Notas sobre o Graal e Simbolismo Relacionado ........... 108
Notas Diversas sobre Astrologia.................................... 109
Contato com Eu Inferior/Superior e Martírio ............... 111
O Glifo da Crucificação .................................................. 112
Notas sobre Loucura, Pecado Lemuriano, etc. ............. 114
Pã como Símbolo ............................................................ 116
Byron ............................................................................... 116
Forma .............................................................................. 117
Cura e os Quatro Elementos ......................................... 117
Arquétipos....................................................................... 118
O Vigia............................................................................. 118
Almas Presas à Terra ..................................................... 119
A Terra e Vênus ............................................................. 120
Astrologia........................................................................ 121
Forças Raciais ................................................................. 121

Vaidade .................................................................................... 123
Anjos Raciais ........................................................................... 123
Uriel e Sandalphon .................................................................. 124
Sandalphon ............................................................................... 124
Uriel .......................................................................................... 125
As Potências da Terra Interior ................................................ 125
Raphael e Michael ................................................................... 125
Raphael ..................................................................................... 125
Michael ..................................................................................... 126
Persistência .............................................................................. 126
Saturno e uma observação sobre Animais .............................. 126
Arquétipos ................................................................................ 127
Pendragon ................................................................................. 127
Morte, Mudança, Reencarnação, etc. ...................................... 128
Nota sobre os veículos internos do homem ............................ 128
Os "Mestres" ............................................................................ 129
O Arcanjo Sandalphon ............................................................. 130
Pallas Athene ........................................................................... 130
Dion Fortune ................................................................................. 133
Templo Livros ............................................................................... 137

# 1. A Via Ocultista

A VIA MÍSTICA QUE CONDUZ À UNIÃO DIVINA É TÃO conhecida que muitos se esquecem de que há um outro Caminho, cuja rota parece ser completamente diferente e que conduz no fim ao mesmo objetivo. Estamos tão acostumados a ouvir estabelecerem que a renúncia do mundo e a abnegação do eu são o único Caminho verdadeiro da alma que busca o Mais Elevado, que dificilmente ousamos sussurrar que pode haver outro Caminho - o Caminho da maestria sobre a existência manifestada e da apoteose do eu.

Existem duas vias pelas quais Deus pode ser adorado; podemos adorá-Lo em Essência imanifesta ou podemos adorá-Lo em Sua forma manifesta. Ambas as vias são legítimas, desde que ao adorar a forma manifesta não esqueçamos a Essência, e ao adorar a Essência não a confundamos com a forma manifesta, pois essas coisas são o pecado da idolatria, que consiste em uma ênfase equivocada.

O místico busca adorar a Deus em essência. Contudo, a essência ou raiz de Deus, sendo imanifesta, elude a consciência humana. O místico, então, para conceber o objeto de sua adoração, deve transcender a consciência humana normal. Não é possível conhecer a natureza mais íntima de um estado de existência a menos que possamos entrar nele e compartilhar, pelo menos em alguma medida, de sua experiência. O Místico, então, tem como tarefa libertar sua consciência de sua sujeição habitual à Forma. É para este fim que a disciplina ascética é direcionada, matando o inferior a fim de que o superior possa ser liberado para se unir a Deus e assim conhecê-Lo. A Via do Místico é uma via de renúncia até que ele quebre todas as limitações de sua natureza inferior e alcance sua liberdade; então nada resta que possa mantê-lo longe de Deus, e sua alma voa para o alto, para entrar na Luz e não retornar novamente.

Mas o outro Caminho não é uma via de Renunciação, mas uma Via de Realização; não é uma ruptura com o caminho do destino humano, mas uma concentração e sublimação desse destino. Cada alma que segue esse Caminho vive por meio de sua própria experiência cada fase e aspecto da existência manifesta e a equilibra, espiritualiza e absorve sua essência.

O objetivo daqueles que seguem este Caminho é obter a maestria completa sobre todos os aspectos da vida criada. Porém, quando dizemos maestria, não queremos dizer a maestria de um proprietário de escravos sobre seu escravo. Em vez disso, queremos dizer a maestria do virtuoso sobre seu instrumento; uma maestria que repousa sobre seu poder de se adaptar à sua natureza e entrar em seu espírito e assim extrair sua plena capacidade de interpretação. O adepto que alcançou maestria sobre a Esfera de Luna interpreta a mensagem da Lua para o mundo e demonstra os poderes dela em total equilíbrio. O reino governado pelo Mestre do Templo não é uma monarquia absolutista. Ele não obtém essa maestria para fazer com que tronos, dominações e potestades o sirvam, mas para levar a eles a mensagem de salvação de Deus e convocá-los à sua elevada herança. Ele é um servo da evolução; é sua tarefa fazer surgir a ordem a partir do caos, a harmonia a partir da discórdia, e reduzir as forças desequilibradas ao equilíbrio.

O ensino Vedanta da Tradição Oriental distingue claramente entre a devoção ao Deus Imanifesto, a essência espiritual da criação, e os aspectos manifestos, ou deuses. "Identifique o eu com os aspectos parciais, que são as *Yoginis*, e os vários Poderes (*Siddhis*) são alcançados. Identifique o eu com a própria Maha-yogini e o homem será liberado, pois ele não é mais homem, mas Ela... Com o que um homem deve se identificar depende do que ele deseja. Mas seja o que for, ele obtém o Poder se apenas quiser e trabalhar para tanto." (*World as Power, Power as Reality*, de Woodroffe)

O que um homem deve querer? Essa é a próxima pergunta que devemos nos fazer. A resposta depende inteiramente do estágio de evolução que alcançamos. A alma tem que completar sua experiência humana antes de estar pronta para a União Divina. Ela deve ultrapassar o nadir da descida à matéria antes de poder entrar no Caminho do Retorno. Não estamos prontos para a Via Mística até que estejamos nos aproximando do tempo de nossa libertação da Roda de Nascimento e Morte; tentar escapar daquela Roda prematuramente é evadir nosso treinamento. Como o iate de corrida que falha em contornar a boia de marcação mais externa, somos desqualificados; não cumprimos as condições de libertação, que ordenam que não nos esquivemos de coisa alguma e deixemos para trás apenas aquilo que dominamos, equilibramos e superamos.

É um falso ensinamento que nos convida a erradicar de nossa natureza qualquer coisa que Deus ali implantou, tão falso e tolo quanto cortar os tendões de um potro puro sangue vivaz por ele ser selvagem e não ter sido domado. O amor pela beleza, o impulso vitalizante do instinto puro, normal e saudável, o júbilo da batalha, seríamos realmente pobres criaturas sem tudo isso que Deus nos deu, e podemos presumir que Ele sabia o que estava a fazer quando assim o fez. Quem somos nós para julgar a obra de Suas mãos e condenar o que Ele achou bom?

O que a lei de Deus proíbe é o abuso dessas coisas, não o uso para os fins a que se destinam. O Caminho da Lareira oferece uma disciplina dos instintos muito mais razoável e eficaz do que as cavernas dos eremitas de Tebas, com suas torturas ascéticas e automutilações, violando a Natureza e ultrajando a obra das mãos de Deus.

Amedrontado pelas forças Elementais quando as encontra impuro e despreparado, o asceta foge do que acredita ser a tentação. É uma política muito mais razoável equilibrar as forças em disputa em nossa própria natureza até que possamos lidar com nossa indisciplinada equipe de instintos e fazê-los puxar a carruagem da alma com o poder de sua velocidade incansável.

O dia chegará para cada um de nós em que seremos libertados da Roda de Nascimento e Morte e entraremos na Luz para não mais retornar; se tentarmos colocar de lado os Elementos e seus problemas antes do raiar desse dia, estaremos girando nosso leme para o curso de volta para casa antes de contornarmos a boia de marcação; somos como o homem que enterrou seu talento na terra porque tinha medo dele. Nosso Senhor não nos agradecerá por nossa devoção equivocada a um ideal imaturo, mas nos chamará de servos inúteis.

A chave de todo o problema, como tantos outros, está na doutrina da reencarnação. Se acreditarmos que todas as conquistas humanas devem ser realizadas em uma vida e que, no final dela, seremos julgados, estaremos propensos a sermos lançados em um idealismo que ainda não alcançamos por um processo de crescimento natural. Liberdade da Roda, o abandono da matéria, União Divina - essas coisas virão para todos nós no devido curso do tempo evolutivo, pois o objetivo da evolução é nos levar a elas, mas esse tempo pode não ter chegado ainda, e seremos muito tolos se permitirmos que outro, por mais avançado que seja, julgue por nós onde estamos na escada da evolução e decida qual será nosso próximo passo. Tenhamos a coragem de nossas convicções e sigamos nossas próprias incitações mais profundas. Se nossa ânsia é adorar a Deus em Sua gloriosa manifestação, que o façamos de todo o coração; aí repousa a via da realização para nós. Isso não significa o desencadeamento dos impulsos; a Dança da Natureza é um movimento ordenado e rítmico, não devemos romper com nosso lugar no padrão vivo ou o arruinaremos. Devemos trabalhar com a Natureza para os fins da Natureza, se é para Ela ser nossa Mãe. Aqui há disciplina suficiente para qualquer alma.

Se, por outro lado, nossas incitações nos levam à reclusão do Caminho Místico, perguntemo-nos honestamente se estamos seguindo esse Caminho porque o chamado de Deus em nossos corações é tão forte, ou porque achamos a vida tão difícil que queremos escapar para sempre de seus problemas.

# 2. Algumas Aplicações Práticas do Ocultismo

Quando comecei a estudar a ciência oculta, era coisa extremamente escondida e secreta. As várias sociedades abertas que existiam eram puramente exotéricas e básicas, ou então eram realmente bobagens. Portanto, era difícil saber onde procurar qualquer ensinamento verdadeiro. Consequentemente, a menos que a pessoa fosse psíquica, estaria completamente privada de qualquer conhecimento. Mas já não é mais assim na mesma intensidade, e o problema permanece para muitas pessoas, elas querem o ensinamento oculto ou não? Estamos tão acostumados a pensar que, para ter algum conhecimento prático do ocultismo, devemos nos apartar do mundo, e seguir esse caminho dessa maneira não é viável para a vasta maioria das pessoas. Assim, muitas pessoas que poderiam ter se beneficiado bastante com esse ensinamento foram impedidas de realizar seu estudo, o que acho uma pena. Meu treinamento foi uma atividade completamente extenuante. Quanto mais vejo, mais sinto que o trabalho do adepto é uma coisa e a divulgação geral do ensinamento é outra. As façanhas que são realizadas pelo ginasta treinado estão inteiramente além do alcance do homem comum; mas, não obstante, os mesmos exercícios nos quais o ginasta é treinado, só que não levados ao mesmo nível extremo, mantêm o homem comum forte e em forma quando praticados regularmente. Penso que assim seja com o Ocultismo. Se você quer ser um adepto e realizar as grandes façanhas da Magia, você é equivalente ao ginasta, e isso significa um treinamento muito árduo. Mas acho que a próxima aplicação deste trabalho será a de trazer os ensinamentos, de forma que eles estejam disponíveis para pessoas que não podem deixar tudo, cujo Karma os prende à vida diária. É interessante notar que no momento em que o recrudescimento do ocultismo começou no Ocidente - por volta de 1875 - três movimentos tiveram seu princípio: o Ocultismo, o Movimento Espiritualista e a Ciência Cristã, com o Novo Pensamento como sua prole. Essas são três linhas distintas que lidam com as forças ocultas. O ocultista baseia seu trabalho na tradição e geralmente usa o cerimonial. O espiritualista se aproxima do mesmo terreno, mas não tem tradição e baseia seu trabalho na experimentação. O Cientista Cristão não tem tradição ou experimento, mas baseia seu trabalho na hipótese dos poderes da mente. O Espiritismo e a Ciência Cristã são procedimentos empíricos. Se alguém estudar o movimento de cura da Ciência Cristã, verá que ele tem um método muito bom, mas seus praticantes raramente conseguem explicá-lo. O ocultismo é a base científica de todos esses movimentos e pode explicar os fenômenos desses diferentes modos de experiência e prática. Nisso reside seu valor. A Ciência Cristã e o Novo Pensamento produzem frutos valiosos, mas não fornecem nenhuma explicação que uma pessoa pensante possa aceitar, e ainda assim obtêm seus resultados. Portanto, encontre essa base e não descarte os resultados valiosos. Afirmo que nas doutrinas esotéricas obtemos uma explicação de tantas coisas na vida que todos sairiam enriquecidos se as recebessem. A vida é uma questão muito diferente se tivermos uma pista de seu significado. Sem isso somos como folhas ao vento, não sabemos onde estamos nem para onde vamos; somos cegos, vagando da melhor maneira que conseguimos, tateando nosso caminho, sem nenhuma garantia de que não cairemos em um precipício. Mas se tomarmos as doutrinas esotéricas, então nos veremos como parte do grande todo.

Veremos o nosso lugar na Natureza, veremos de onde viemos e para onde vamos e veremos a nossa relação com o Cosmo, e toda a vida se abre. Isso é o que a ciência esotérica pode oferecer - uma aplicação muito ampla, profunda e prática do ocultismo. Minha experiência com muitos cientistas esotéricos é esta - eles realizam uma espécie de estudo intelectual, mas não o aplicam a problemas práticos. Engajam-se mais ou menos no trabalho de pesquisa, no estudo de sistemas de símbolos, a Qabalah, etc., mas, exceto como um meio de divinação, esses estudos não têm qualquer aplicação prática para a vida. Além disso, essas divinações em geral são muito espúrias e tendem a desmoralizar a perspectiva de vida das pessoas. Se algo bom ou ruim vai acontecer a uma pessoa em breve, de que adianta lhe contar? Mas elas podem encontrar a explicação das coisas em uma interpretação da vida. Quando estudamos os ensinamentos esotéricos da evolução, vemos um panorama tremendo se abrindo diante de nós. E é claro que a crença na reencarnação está implícita no ocultismo, assim como a da transferência de pensamento. Aí temos, acredito, um dos ensinamentos mais iluminadores que podem ser dados a respeito dos problemas da vida. O que um ser pode fazer em uma vida para conquistar o Céu ou o Inferno para sempre? Certamente o ensino da reencarnação é mais razoável - partir e retornar novamente e partir mais uma vez para a encarnação, rumo a mais experiências. Esse é, em minha opinião, um conceito de existência muito maravilhoso - que atrás de nós se estende uma longa cadeia de encarnações. Não nos lembramos delas porque a cadeia da memória está partida, mas elas estão lá, e a Centelha Divina é o núcleo de cada um de nós, em torno da qual a experiência construiu um todo; assim se constituem o temperamento e as capacidades de cada um de nós. Esse conceito nos dá uma filosofia de vida muito profunda. Se as fortunas da vida são acasos cegos, então, de fato, somos muito miseráveis. Mas se virmos que os contornos gerais das experiências espirituais que a vida nos traz são determinados por nossa própria alma, começaremos a ter ideia de como encarar as coisas.

Então vem outra questão - a grande doutrina esotérica dos planos invisíveis da existência. Esses ensinamentos nos dizem que o que os cinco sentidos veem ou tocam não constitui a totalidade da existência. Isto a ciência exotérica pode confirmar, por meio do microscópio, etc. Mas o ocultista vai além e diz que existe todo um reino da mente e do espírito, que você não vê com seus sentidos físicos. Neles vivem as grandes Forças que causam a vida e suas circunstâncias. Nele você encontrará a chave para as condições de vida no plano físico e nunca a encontrará em qualquer outro lugar. Pessoas como Coue manipulam essas forças invisíveis com sucesso. Se entendermos essas condições, seremos livres; seremos então capazes de trabalhar com essas forças e manipulá-las nós mesmos. Mas só podemos manipulá-las dentro de limites bem definidos. A Ciência Cristã não estabelece limites; mas se observarmos os resultados que obtêm, podemos ver que há limites. Há certas coisas com as quais é sábio não se envolver. O ocultista não tenta dominar a Natureza, mas harmonizar-se com essas grandes Forças Cósmicas e trabalhar com elas. É possível acompanhar um exemplo ao se observar as barcaças do Tâmisa se afastando quando a maré está alta; elas estão aproveitando seu conhecimento das marés, e o rio faz o resto. Conosco na vida, devemos ter o mesmo conhecimento e sabedoria. Devemos entender essas leis naturais do Invisível. São leis *naturais* e não há nada de assustador nelas. Podemos tornar a vida uma coisa muito diferente se as compreendermos. Claro, existem certas condições que devemos aceitar, que são os frutos do Karma; mas não quero que você considere o Karma da maneira tosca como às vezes é apresentado. Não é uma questão de assassinato por assassinato, que se você roubar de uma pessoa nesta vida, essa mesma pessoa roubará de você na próxima. Não é assim tão simples. Significa que algo em sua natureza deve ser compreendido e modificado para que você esteja em harmonia. Enquanto esse fator específico estiver em sua natureza, ele precipitará um tipo de problema semelhante em sua vida. Erros de intenção, transgressões deliberadas geralmente são pagas em vidas futuras; você pode escapar impune nesta vida - todos nós vimos os ímpios florescerem como um loureiro verde - mas o efeito continua, é colocado em sua conta e, no devido tempo, você vai ter que pagar. Mas o pagamento é sempre em valores espirituais. Você aprende que precisa fazer certos ajustes e, depois de realizá-los, a pressão diminui e você fica livre. Assim, ponto a ponto, ganhamos caráter e equilíbrio. Ganhamos nossa liberdade aprendendo as lições que a vida nos impõe; e se nos recusarmos, elas se tornam cada vez mais drásticas. Quando as pessoas atingem um certo grau de desenvolvimento, ficam mais sensíveis e têm mais força espiritual e, portanto, seus problemas são mais agudos. A alma pode ter decidido avançar rapidamente e atrai de modo concentrado todo o Karma devido. Parece que essa alma sempre atrai problemas, e por meio de uma encarnação de problemas, a alma é purificada, e então a próxima encarnação se abre livre dessas condições. Uma única encarnação não satisfaz nosso senso de justiça, pelo contrário; mas se observamos todas as nossas vidas passadas enfileiradas, vemos de forma diferente. Devemos sempre olhar para as coisas à luz de três vidas. E também podemos alcançar nossos propósitos em três vidas. Estamos criando as condições para nossa próxima vida agora, embora no presente tenhamos que encarar todo o Karma, ou parte dele, remanescente de nossa última vida. Algumas pessoas dizem: "Certamente uma vida é penosa o suficiente." Mas há outra maneira de encarar a situação. Se calcularmos a média de nossos problemas em relação aos longos éons de todas as nossas vidas, eles assumem uma proporção diferente. Uma grande sensação de liberdade toma a alma quando alcançamos a real compreensão de que o eu prossegue e de que essa encarnação é apenas um incidente em sua carreira. Não podemos conferir a pessoa alguma essa liberdade simplesmente explicando os fundamentos lógicos; mas surge uma súbita compreensão de algo que aconteceu antes, e ela acarreta uma grande alteração de valores na vida. Novamente, se inspecionarmos os problemas de nossa vida, podemos descobrir que foram ocasionados por estarmos resolvendo as coisas rapidamente e nos desenvolvendo depressa. Dizemos: "Esta é a condição material que nos aflige, portanto precisávamos dela e devemos aprender as lições que ela veio nos dar." Tentamos interpretar o significado espiritual dessa experiência. Vamos desenvolver nossas almas meditando sobre ela. Quando a alma adquire esta qualidade ou aprende a lição que precisava aprender, então o fardo kármico é removido. Quando as pessoas enfrentam suas condições, elas não mudam até que a liberdade seja conquistada. Achamos que seremos felizes se apenas algumas coisas forem modificadas; mas não, as condições estão em nós mesmos e só trariam de volta outras condições semelhantes. Quando eu trabalhava em uma clínica de nervos, víamos isso acontecer de novo e de novo. O mesmo problema continuava recorrendo na mesma vida. Havia uma mulher que havia sido atacada por vagabundos três ou quatro vezes em sua vida. Um fato que não acontece com as pessoas no curso normal de suas vidas. Ou ainda, uma mulher pode continuamente se ver sob o domínio de um abusador, sendo tratada com crueldade - primeiro um pai, depois um marido, e depois em seu trabalho. Vemos uma forma específica de problema recorrendo de novo e de novo na vida de uma pessoa. Deve haver algo que determina a experiência recorrente. Se nós, a maioria de nós, olharmos para trás em nossas próprias vidas, podemos constatá-lo, ao menos em parte. Deve haver algum fator proeminente em nossa própria constituição que atrai as forças invisíveis. A única maneira para que você lide com essa situação é modificando o seu caráter através da meditação, da construção de formas-pensamento ou da destruição deliberada do que chamamos de formas-pensamento, que são os canais na sua direção das coisas indesejáveis. Essas são as aplicações práticas do Ocultismo, e não precisamos ser adeptos para aplicá-las.

Estamos criando formas-pensamento de uma maneira ou de outra o tempo todo. Nossos pensamentos não apenas nos influenciam, eles formam canais de entrada e atraem as forças correspondentes no próprio Cosmo. Se você se cercar de pensamentos de ódio, estará atraindo um tipo de ódio Cósmico para si mesmo. O ocultista tem um sistema para rotular essas forças, entendendo como todas funcionam. Temos tal sistema na Árvore da Vida Qabalística e suas crenças subjacentes podem ser muito valiosas na vida; elas ensinam o tremendo poder da mente e os limites estritos dentro dos quais ela funciona, com os quais podemos fazer muito. Essas doutrinas deveriam fermentar o pensamento mais e mais. A Sociedade Teosófica fez um grande trabalho dessa forma, mas seu apelo tem se voltado principalmente aos heterodoxos e rebeldes. Trata-se de uma grande perda, porque esses ensinamentos devem e podem ser apresentados de tal forma que não causem estranhamento à mente treinada, o que na ciência pura é indispensável. A física moderna está se aproximando completamente dos ensinamentos ocultistas. As coisas que Blavatsky disse e pelas quais foi ridicularizada, agora estão se tornando uma questão de pura física. Há grandes aplicações dessas coisas que devem ser realizadas. Devem ser aplicadas à Sociologia, à administração das prisões e dos asilos, onde as formas-pensamento estabelecidas reinfectam as pessoas, a menos que as neutralizemos. Podemos considerar suas aplicações práticas à medicina, da qual possui as únicas chaves verdadeiras. Tratar o homem apenas como um corpo é muito insatisfatório. Da mesma forma, se tomarmos a visão ortodoxa e tratarmos o homem apenas como um espírito, não estaremos lhe fazendo justiça. Autointoxicação e pecado são diferentes. O homem é um ser quádruplo e devemos lidar dessa maneira com ele. Devemos discernir em que nível o problema se origina. As forças vitais do nível espiritual são as verdadeiras chaves para todo o problema, e essas forças vitais são traduzidas por meio do intelecto e do entendimento e trazidas para baixo através dos planos.

Esses são alguns dos ensinamentos esotéricos dos quais qualquer pessoa pode se beneficiar. Acho que a grande necessidade do sigilo ocultista já passou, mas uma parcela ainda é necessária. Em parte porque uma mente coletiva é necessária para algumas formas de ocultismo prático, e devemos conservá-la, e não dissipá-la como acontece se uma coisa se torna propriedade e conhecimento comuns; e também para salvaguardar os indivíduos contra o preconceito popular. Madame David-Néel, em seus livros sobre o Tibete, disse-nos que lá não há segredo sobre o *ensinamento* dos Lamas e sobre a sabedoria interior. As coisas que *são* mantidas em segredo são os métodos práticos de treinamento de seus alunos. Ela mesma em seus livros deu muitos ensinamentos que são chaves importantes para a compreensão de muitas doutrinas ocultistas. Não há mistérios sobre os ensinamentos, mas apenas sobre os métodos práticos, com os quais as pessoas poderiam causar danos. Assim, vemos que o trabalho prático do ocultismo só pode ser feito por mentes treinadas e requer um alto grau de treinamento; mas os princípios podem ser muito valiosos e quanto mais eles forem divulgados, melhor.

# 3. A Mente Coletiva

O TERMO MENTE COLETIVA ÀS VEZES É USADO DE MANEIRA vaga entre os ocultistas, como se fosse intercambiável com Alma Coletiva. Os dois conceitos são, no entanto, inteiramente distintos. A Alma Coletiva é a matéria-prima da substância mental a partir da qual a consciência individual se diferencia por meio da experiência; a Mente Coletiva é construída a partir das contribuições de muitas consciências individualizadas quando estas se concentram na mesma ideia.

Tomemos um exemplo concreto para esclarecer a diferença. Durante o auge de sua popularidade, o marechal Joffre visitou a Inglaterra e foi muito ovacionado. No caminho de seu hotel até a Mansion House, onde seria recebido pelo Lorde Prefeito, seu carro passou por muitas ruas. Os indivíduos o reconheciam e o olhavam, mas não se realizava demonstração alguma. Porém, quando ele chegou ao cruzamento lotado da Mansion House, os policiais pararam o tráfego, realizando uma saudação; a multidão viu que algo estava acontecendo; ele foi reconhecido, seu nome passou de boca em boca, e em um momento houve uma onda do mais selvagem entusiasmo. Pessoas contidas e plácidas foram erguidas e levadas pela onda de excitação e se pegaram gritando e agitando seus chapéus como maníacos. Observe a diferença entre o comportamento da multidão quando funcionava como uma multidão e o comportamento de indivíduos isolados, embora numerosos, que apenas olhavam com interesse, mas não demonstravam emoção.

Este incidente traz à mente outro incidente da Mansion House muito ilustrativo da psicologia da multidão e da mente coletiva. Há muitos anos, Abdul Hamid, o detestado sultão da Turquia, visitou a Inglaterra. Ele também foi recebido pelo Lorde Prefeito e dirigiu-se até a Mansion House. Exatamente as mesmas cenas foram repetidas, mas com um conteúdo emocional diferente. Seu veículo percorreu em segurança as ruas lotadas, os indivíduos olhando boquiabertos para o visitante notório, mas sem demonstração alguma; mas quando o tráfego foi interrompido por sua causa no cruzamento da Mansion House, a multidão o reconheceu; e daqueles homens urbanos de meia-idade, quietos e sóbrios, subiu um urro de execração como o uivo de uma matilha de lobos, a multidão avançou como um só homem, e foi com grande dificuldade que o protegeram de ser arrastado para fora da carruagem.

Qual daqueles indivíduos urbanos, trabalhadores de escritório timoratos e satisfeitos com suas mesas, teria atacado o idoso e augusto Abdul Hamid sozinho? Ainda assim, quando apanhados pela onda de emoção da multidão, eles foram capazes de empreender um ataque selvagem em meio a uma babel de rosnados animais. Naquele momento, algo como uma entidade obsessiva tomou posse das almas de todos e de cada um; um vasto Algo de caráter que não era a soma da massa das almas individuais, mas mais vasto; mais potente, mais feroz, vívido e consciente de seus impulsos. No entanto, em tempos normais, os integrantes das multidões aglomeradas no cruzamento da Mansion House seguem cada qual seu próprio caminho, absortos em seus próprios pensamentos, indiferentes, alheios ao próximo. O que foi que transformou essa massa de unidades apressadas e indiferentes em um bando unido, elevado pelo entusiasmo de um ideal, ou um organismo capaz de perigosa violência?

A chave de toda a situação está no direcionamento da atenção de várias pessoas para um objeto comum sobre o qual todas se sentem fortemente da mesma maneira. A direção da atenção para um objeto comum, com emoção ausente, não tem o mesmo efeito. As placas elétricas de Piccadilly Circus, embora as multidões as observem, não causam a formação de uma mente coletiva.

Com esses dados para nos auxiliar, vamos considerar o problema em suas aplicações ocultas. O que é essa estranha superalma que se forma e se dispersa tão rapidamente quando várias pessoas pensam do mesmo jeito no mesmo lugar? Em busca de uma explicação, devemos considerar a teoria dos Elementais Artificiais.

Um Elemental Artificial é uma forma-pensamento animada pela essência Elemental. Essa essência pode ser extraída diretamente dos reinos Elementais ou pode ser derivada da própria aura do mago. Uma forma-pensamento construída por visualização e concentração contínuas, e associada a uma forte emoção, torna-se carregada com essa emoção e é capaz de uma existência independente fora da consciência de seu criador. Este é um fator muito importante no ocultismo prático e a explicação de muitos de seus fenômenos.

Exatamente o mesmo processo que leva à formação de um Elemental artificial por um mago ocorre quando várias pessoas se concentram com emoção em um único objeto. Elas criam um Elemental artificial, vasto e potente em proporção ao tamanho da multidão e à intensidade de seus sentimentos. Este Elemental tem uma atmosfera mental própria muito distinta, e essa atmosfera influencia muito poderosamente os sentimentos de cada pessoa que participa da emoção da multidão. O Elemental lhes envia uma sugestão telepática, soando a nota de seu próprio ser nos ouvidos deles e, assim, reforçando a vibração emocional que o originou; há ação e reação, estímulo mútuo e intensificação, entre o Elemental e seus criadores. Quanto mais a multidão se concentra no objeto de sua emoção, mais vasto se torna o Elemental; quanto mais vasto ele se torna, mais fortes são as sugestões em massa que ele envia aos indivíduos que compõem a multidão que o criou; e eles, ao receberem essa sugestão, descobrem que seus sentimentos se intensificam. Assim é que as turbas são capazes de atos passionais dos quais cada membro individual recuaria horrorizado.

Uma turba Elemental, entretanto, se dispersa tão rapidamente quanto se forma, porque uma turba não tem continuidade de existência; no momento em que o estímulo de uma emoção comum é removido, a multidão deixa de ser uma unidade e retorna à heterogeneidade. É por isso que exércitos indisciplinados, por mais entusiasmados que sejam, são máquinas de combate nas quais não se pode confiar; seu entusiasmo se evapora se não for continuamente estimulado; eles se dividem em suas partes componentes de muitos indivíduos com interesses diversificados, cada um ativado pelo instinto de autopreservação. Para construir uma mente coletiva com o mínimo de resistência, é essencial algum método para assegurar a continuidade da atenção e do sentimento.

Sempre que tal continuidade de atenção e sentimento é garantida, uma mente coletiva, ou Elemental coletivo, é formada, a qual com o passar do tempo desenvolve uma individualidade própria, e deixa de ser dependente para sua existência da atenção e emoção da multidão que lhe deu à luz. Uma vez que isso ocorre, a multidão não possui mais o poder de retirar sua atenção ou de se dispersar; o Elemental coletivo a tem em suas garras. A atenção de cada indivíduo é atraída e mantida para além de seu controle; sentimentos são agitados dentro dele, mesmo que ele não queira senti-los.

Cada recém-chegado ao grupo entra nessa atmosfera potente e ou a aceita, e é absorvido pelo grupo, ou a rejeita e é ele mesmo rejeitado. Nenhum membro de um grupo com uma atmosfera forte, mente coletiva ou Elemental coletivo (de acordo com o termo que preferirmos), tem a liberdade de pensar sem vieses sobre os objetos de concentração e emoção do grupo. É por esta razão que as reformas são tão difíceis de realizar.

Quanto mais vasta a organização que precisa de reforma, mais difícil é movê-la, e mais forte deve ser a personalidade que tenta realizar a tarefa. No entanto, uma vez que essa personalidade enérgica começa a impressionar, ela rapidamente descobre que um grupo está se reunindo sob sua liderança, e que este, por sua vez, está desenvolvendo um Elemental, e o ímpeto que ela originou começou a empurrá-la. Quando sua liderança ameaça enfraquecer, o movimento que criou a impele adiante. O indivíduo solitário pode se dirigir a um canto e fazer uma pausa em momentos de dúvida e desânimo; não é assim com o líder de um grupo fortemente emocionalizado; assim que seu passo se arrasta, ele sente a pressão da mente coletiva atrás de si que o carrega adiante durante suas horas de fraqueza e escuridão. Ela também pode, se seu esquema foi concebido de forma imprudente, carregá-lo embora e despedaçá-lo nas rochas de uma política mal avaliada, uma política cuja imprudência ele teria enxergado se houvesse considerado a questão de forma racional. Não há como deter o ímpeto de um movimento que está se movendo ao longo das linhas de evolução. A mente coletiva dos participantes forma um canal para a manifestação das forças da evolução, e o ímpeto desenvolvido é irresistível. Mas por mais potente que seja a personalidade, por mais vastos que sejam os recursos, por mais populares que sejam os bordões, se o movimento for contrário à lei cósmica é apenas uma questão de tempo até que todo o grupo desça loucamente uma encosta íngreme em direção ao mar. Pois, em tal caso, é o próprio ímpeto alimentado a causa de sua destruição. Dê corda suficiente a um movimento falso e ele sempre se enforcará, caindo pelo próprio peso quando este crescer o bastante no topo a ponto de desequilibrá-lo.

Esse fator da Mente Coletiva é uma chave extremamente importante para a compreensão dos problemas humanos e explica a irracionalidade dos homens em massa. Existem alguns livros muito interessantes sobre este assunto, notavelmente, *The Psychology of the Herd in Peace and War*, de Wilfred Trotter, e *The Group Mind*, de William McDougal. Ambos compensarão o estudo pela luz que lançam sobre os problemas da vida cotidiana e da natureza humana. O ocultista leva a aplicação prática da doutrina das mentes coletivas muito mais adiante do que o psicólogo. Nela, encontra a chave do poder dos Mistérios. Considerado sob uma compreensão da psicologia da multidão, torna-se óbvio que o método dos Mistérios e das fraternidades secretas de todas as eras baseia-se na experiência prática de seus fatos. O que poderia ser mais propício para a formação de uma poderosa mente coletiva do que o sigilo, o traje especial, as procissões e cânticos de um ritual ocultista? Qualquer coisa que diferencie um grupo de indivíduos da massa e os separe, forma automaticamente uma mente coletiva. Quanto mais um grupo é segregado, quanto maior a diferença entre ele e o resto da humanidade, mais forte é a mente coletiva assim gerada. Considere a força da mente coletiva da raça judaica, separada pelo ritual, pelos modos, pelo temperamento e pela perseguição. Não há nada como a perseguição para dar vitalidade a uma mente coletiva. Verdadeiramente, o sangue dos mártires é a semente da Igreja, pois é o cimento da mente coletiva.

É por esta razão que o sigilo dos Mistérios nunca será inteiramente revogado. Por mais que se distribua, algo deve ser sempre mantido em reserva e em segredo, porque é esse algo que, não compartilhado com os demais e o foco da atenção do grupo, é o núcleo da mente coletiva, o foco de sua atenção; é para a mente do grupo o que o grão de areia é para a pérola que se forma na ostra. Se não houvesse grão de areia, não haveria pérola. Remova aquilo que diferencia o iniciado do resto dos homens e a mente coletiva da qual ele faz parte se desintegrará.

A potência do cerimonial, executado fisicamente, não reside apenas em seu apelo à entidade invocada, mas também em seu apelo à imaginação dos participantes. Um adepto, trabalhando sozinho, fará um ritual em consciência pictórica no astral sem se mover de sua postura de meditação, e este ritual será eficaz para fins de invocação. Mas se ele quiser criar uma atmosfera na qual o desenvolvimento de seus pupilos avance como em uma casa de força, ou se ele quiser elevar sua própria consciência além de suas limitações normais, transcendendo sua própria força de vontade e visão sem recursos extras, ele fará uso dos poderes do Elemental coletivo desenvolvido pelo ritual.

Essa mente coletiva, ou Elemental ritual, age sobre os participantes da cerimônia exatamente da mesma maneira que a emoção da multidão agiu sobre os pacíficos homens urbanos quando viram o marechal Joffre. Eles são elevados para fora de si mesmos; naquele momento, são mais do que humanos, pois um Elemental coletivo, formado a partir da emoção apropriada, é tão capaz de elevar a consciência ao nível dos anjos quanto de rebaixá-la ao nível das feras.

Quando nossa emoção se dirige fortemente para um objeto, estamos derramando uma forma de força sutil, mas potente, não obstante. Se essa emoção não é um mero jorro cego, mas se formula na ideia de fazer algo e especialmente se essa ideia faz com que uma imagem mental dramática surja na mente, a força que jorra é formulada em uma forma-pensamento; a imagem mental é animada pela força que jorra e se torna uma realidade no astral. Esta própria forma-pensamento agora começa a emitir vibrações, e essas vibrações, pela lei da indução simpática de vibração, tendem a reforçar os sentimentos da pessoa cuja emoção lhes deu origem e a induzir sentimentos semelhantes nos demais presentes cuja atenção se dirige ao mesmo objeto, mesmo que até então fossem espectadores desinteressados.

Veremos que a teoria da mente coletiva está agora sendo associada à doutrina da auto-sugestão, conforme formulada por Baudouin, e esses dois conceitos psicológicos estabelecidos se estendem por associação com o conceito esotérico de telepatia. Junte esses três fatores e teremos a chave não apenas para os fenômenos da psicologia da turba, mas também para o pouco entendido poder do ritual, especialmente o ritual realizado em uma loja ocultista.

Vamos considerar o que acontece quando tal ritual é realizado. Todos os presentes têm sua atenção direcionada ao drama da apresentação da cerimônia. Cada objeto dentro do alcance de sua visão é um símbolo da ideia que está sendo expressa pela cerimônia. Nenhuma circunstância que possa aumentar a concentração e a emoção é negligenciada. Consequentemente, um coletivo altamente concentrado e altamente energizado é construído.

Como já vimos, quando alguém pensa com emoção em qualquer objeto, um jorro de força surge. Se várias pessoas estão pensando no mesmo objeto com emoção, com sua atenção concentrada e seus sentimentos exaltados pelo ritual da cerimônia, elas despejam em um poço comum uma medida nada desprezível de força sutil. É essa força que forma a base da manifestação de qualquer potência que esteja sendo invocada.

Em religiões onde os deuses ou santos são livremente representados em forma pictórica, a imaginação dos adoradores está acostumada a imaginá-los como os vêem representados; seja Hórus com cabeça de falcão ou a Virgem Maria. Quando vários adoradores devotos estão reunidos, suas emoções concentradas e exaltadas pelo ritual, e todos mantendo a mesma imagem, a força que jorra de todos os presentes toma a forma de um simulacro astral do ser assim intensamente imaginado; e se esse ser é a representação simbólica de uma força natural, que é o que pretende-se que todos os deuses sejam, essa força encontrará um canal de manifestação através da forma assim construída; a imagem mental mantida na imaginação de cada participante da cerimônia parecerá repentinamente tomar vida e resolução para cada um e eles sentirão a irrupção do poder que foi invocado.

Quando esse processo se repete regularmente por períodos consideráveis, as imagens que foram construídas permanecem no astral exatamente da mesma maneira que a trilha de um hábito se forma na mente pela execução repetida da mesma ação. Desta forma, a força natural permanece permanentemente concentrada. Consequentemente, os adoradores subsequentes não precisam se esforçar tanto para formular o simulacro; eles só precisam pensar no deus e sentem seu poder. É assim que todas as representações antropomórficas da Divindade foram construídas. Se pensarmos por um momento, veremos que o Espírito Santo não é uma chama nem uma pomba; nem o aspecto-terreno maternal da Natureza é Ísis, ou Ceres, ou a Virgem Maria. Essas são as formas sob as quais a mente humana trabalha para apreender essas coisas; quanto mais inferior e menos evoluída a mente, mais grosseira é a forma.

Aqueles que têm conhecimento dos aspectos pouco compreendidos da mente humana, sejam sacerdotes egípcios, hierofantes de Elêusis ou ocultistas modernos, fazem uso de seus conhecimentos desse tipo mais raro de psicologia para criar condições nas quais a mente humana individual seja capaz de transcender a si mesma e romper suas limitações em direção um ar mais amplo.

# 4. A Psicologia do Ritual

NA REFORMA, OS HOMENS QUE CRIARAM O RITUAL ANGLICANO NÃO entendiam o significado psicológico do cerimonial romano. Eles o viam em sua degradação como um canal vazio e quebraram o duto porque estava seco. Sejamos mais sábios em nossa geração e, em vez de quebrar o duto, o conectemos à fonte.

Há uma realidade espiritual por trás das formas de religião organizada, e é essa realidade somente a origem de seu valor. Não é a intenção delas ser uma disciplina para treinar a alma, nem mesmo um meio de agradar a Deus, mas são planejadas para permitir que a Luz do Espírito seja trazida para um foco na consciência. Se compreendermos a psicologia do ritual, não estaremos cativos de superstições nem em rebelião contra formas vazias. Devemos perceber que uma forma é o canal para uma força, mas não é apenas a substância material usada em um sacramento que é o canal físico para uma força, mas também a imagem pictórica vívida criada na mente do adorador pelo seu uso ritual.

É para o poder por trás do símbolo que devemos olhar quando buscamos a validade das formas da Igreja. O sinal externo e visível, seja taça ou cruz, é apenas o ponto focal de atenção que permite ao adorador entrar em contato psíquico com a forma de força espiritual que é a vida animadora desse símbolo. Devemos aprender a olhar para a psicologia, não para a história, em busca de uma explicação do significado dos símbolos e rituais da Igreja. O que é comemorado não é um ato mundano, mas uma reação espiritual, e é somente quando nós mesmos tivermos essa reação interior que compartilharemos a eficácia do ato que foi seu protótipo. A crucificação de Nosso Senhor nas mãos da autoridade romana foi apenas a sombra lançada no plano material pela luta que estava acontecendo no mundo espiritual. Não foi o derramamento do sangue de Jesus de Nazaré que redimiu a humanidade, mas o jorro do poder espiritual da mente de Jesus o Cristo.

O simbolismo que comemora Sua morte faz com que concentremos nossa atenção no Sacrifício da Cruz e na obra que esse Sacrifício realizou pela humanidade. O subconsciente racial dos povos cristãos está profundamente imbuído desse ideal, e quando contemplamos o símbolo universalmente associado a ele, despertamos a cadeia subconsciente de ideias que acorda profundas memórias raciais. O ritual que faz com que uma congregação concentre sua atenção está fazendo uso da mente coletiva. Sabe-se que a mente coletiva, sob a influência da raiva ou do medo, é capaz de pânicos e linchamentos dos quais os membros individuais que compõem aquela multidão são totalmente incapazes; assim é com os impulsos da vida espiritual. Uma congregação é uma multidão organizada com sua atenção direcionada por apelos a todos os cinco sentidos físicos em um único foco - o sacrifício da Missa e a emoção coletiva assim gerada é capaz de elevar a mente coletiva a alturas que os indivíduos que compõem aquela congregação são incapazes de alcançar sem ajuda.

Não se deve pensar que tal explicação do aspecto psicológico do poder da Eucaristia pretenda de alguma forma diminuir o reconhecimento de seu aspecto Divino; destina-se unicamente a mostrar a maneira pela qual as forças espirituais operam no nível da mente. Se quisermos compreender o *modus operandi* das forças espirituais, devemos distinguir entre o espiritual e o mental. É a confusão dos dois tipos de psicologia que leva a tantos mal-entendidos.

O poder de Deus tem que ser incorporado em uma ideia concreta para que seja apreendido pela mente humana destreinada. Daí a necessidade da Encarnação, que apresentou Deus ao homem de uma forma que ele pudesse compreender.

Assim, os sacramentos da Igreja são encarnações ou corporificações na forma de verdades espirituais basilares, abstratas demais para serem apreendidas por uma mente sem instrução. Por meio de seu simbolismo pictórico, possibilita-se que a mente contemple aquilo que, sem ajuda, ela nunca poderia conceber. Esta contemplação permite-lhe ligar-se à potência espiritual que realiza a obra que o sacerdote prefigura no plano físico. Assim ligada em pensamento, a potência espiritual se derrama na alma e realiza a sua obra divina.

Há, portanto, três aspectos em um sacramento - o poder amorfo de Deus traduzido do abstrato ao concreto por Nosso Senhor; em segundo lugar, o ritual simbólico que nos lembra aquela função particular da obra de Nosso Senhor; e em terceiro lugar, a imagem formada em nossa imaginação. Quando esta última se forma em consciência, o circuito se completa e Nosso Senhor nos colocou em contato com Deus.

# 5. O Circuito de Força

Não é fácil transmitir o pensamento oriental aos leitores ocidentais porque o equivalente no dicionário dos termos empregados está muito longe de ser seu significado no pensamento místico. Aqueles que penetraram além do Pátio Externo nestas questões bem sabem que há um uso especial da linguagem, um *duplo sentido*, por assim dizer, que é empregado sempre que questões de procedimento prático estão em discussão, para evitar que os que "nasceram uma única vez" descubram os atalhos para os locais secretos da alma. É certo e necessário que esta precaução seja empregada, e ela será observada nestas páginas; pois esses atalhos são dispositivos psicológicos eficazes e podem ser usados tanto pelos não dedicados quanto pelos dedicados, e se forem empregados por pessoas com mentes não purificadas e indisciplinadas, podem se revelar infelizes para as demais pessoas e para elas próprias. Eu seria a última a negar a um adulto o direito de queimar os próprios dedos se ele assim o desejar, mas acho melhor negar-lhe os meios de provocar incêndios em outras pessoas.

Outra dificuldade na maneira de transmitir o pensamento oriental aos leitores ocidentais reside no fato de que a atitude em relação à vida do Oriente e do Ocidente é inteiramente diferente; essa diferença é ilustrada de maneira impressionante pelos edifícios sagrados nos dois hemisférios. No Ocidente, o emblema central comemora o sofrimento: no Oriente, ele comemora a alegria. Os homens e mulheres condicionados a esses emblemas naturalmente avaliam as experiências de vida de forma diferente. Como Kipling disse de modo verdadeiro: Os sonhos mais loucos de Kew são os fatos de Khatmandu e os crimes de Clapham, castos em Martaban!

A melhor abordagem ao pensamento oriental é por meio de uma educação clássica. O grego e o hindu não teriam dificuldade em se entender; cada um tem o mesmo conceito de Natureza e a mesma consideração pelo ascetismo como um meio para um fim e não como um fim em si mesmo. O pensamento oriental, entretanto, penetrou muito mais profundamente na religião natural do que os gregos tinham a capacidade de fazer, e os Mistérios de Dionysos e Ceres são apenas sombras pálidas de seus protótipos orientais.

Pode não ser sem valor, neste contexto, examinar o que se sabe a respeito da origem dos Mistérios Gregos. Acredita-se, e para a base dessa crença, o leitor pode consultar as páginas de *Prolegomena to the Study of Greek Religion*, de Jane Harrison, que quando a religião nacional grega começou a perder seu domínio sobre um povo cada vez mais iluminado, uma tentativa foi feita, de modo nenhum sem sucesso, para fornecer uma interpretação aceitável aos homens pensantes, tomando emprestado o método dos Mistérios Egípcios e expressando-o em termos dos mais antigos e primitivos cultos gregos da Natureza que precederam a tradição altamente poetizada dos brilhantes Olímpicos. Esses antigos cultos da Natureza ainda persistiam nas partes afastadas da Grécia, nas ilhas e nas montanhas, e os mitos dos Mistérios mostram claramente que seus criadores sabiam desse fato, pois neles o deus desce das montanhas ou a deusa se refugia na ilha. Deve-se reconhecer com clareza que esses mitos de Mistério não são de forma alguma um material primitivo, mas sim um material muito sofisticado, sendo o trabalho de estudiosos e místicos de uma era altamente civilizada que buscaram nas antigas raízes tradicionais da religião grega fontes inexploradas de inspiração. Ocorreu exatamente como se um inglês moderno buscasse inspiração no folclore kéltico ou nórdico. Sem dúvida, os iniciados nos Mistérios eram considerados pagãos em seus próprios dias.

Há outro fato que, embora conhecido por especialistas nesta linha de estudo, não é percebido pela maioria dos escritores sobre misticismo e, consequentemente, pela maioria de seus leitores. Sem dúvida, será uma surpresa para muitos saber que os iniciados indianos acreditam que a inspiração de seus mistérios veio originalmente do Egito. Os dados relevantes podem ser encontrados nas obras de Sir John Woodroffe (Arthur Avalon). Veja, em particular, o trecho de Panchkori Bandyapadhyga na p. XXIV do Vol. II dos *Principles of Tantra* desse autor.

Segue-se então, que aqueles que foram iniciados na Tradição Esotérica Ocidental, e tomaram aqueles graus que extraem sua inspiração da Grécia e do Egito, além dos graus alquímicos mais conhecidos, não terão dificuldade em compreender muito do pensamento oriental que é obscuro, ou mesmo obsceno para o estudante comum.

As aplicações práticas de tais ensinamentos, por mais valiosas que possam ser para corrigir nossa insularidade, estão, no entanto, longe de serem fáceis de alcançar. Frequentemente se diz que o Yoga, como ensinado no Oriente, não é prático no Ocidente porque as condições de vida do Ocidente lhe são totalmente inadequadas, e a atitude ocidental, totalmente antipática. Só posso repetir este conselho padrão mais uma vez. O estudante não deve, de forma alguma, tentar o trabalho prático do Yoga avançado, a menos que tenha as condições necessárias de mente, corpo e bens, pois todos esses três desempenham seu papel. O Yoga prático não deve ser executado de maneira improvisada, mas com o devido cuidado e atenção a todas as condições materiais que são necessárias para sua realização. Se estas não estiverem disponíveis, é desaconselhável executar uma tentativa com substitutos. Entre essas necessidades está o número necessário de pessoas devidamente treinadas em um local devidamente equipado e preparado, a salvo de profanação. Mais uma vez, enfatizo que improvisos são piores do que inúteis. Se você pratica Yoga, faça-o em condições adequadas ou não se meta a fazê-lo.

Mas, apesar dessas condições e advertências, acho que vale a pena escrever sobre o tema do Yoga, porque sinto que meu treinamento nos antigos mistérios do Ocidente me trouxe um discernimento que o cristão comum não possui. Muitos livros foram escritos sobre o assunto, seus escritores todos reconhecendo francamente que o Yoga em sua forma original não é adequado para o Ocidente, e todos tentando apresentar uma adaptação dele que seja adequada; mas todos, conforme minha experiência, jogaram fora o bebê com a água do banho e apresentaram uma versão daquela ciência antiga que é como uma versão de Hamlet editada por um racionalista que removeu qualquer referência ao sobrenatural. O resultado não faz sentido.

Porém, permanece o fato de que o Yoga, tal como está, não é adequado para o Ocidente, e que se a montanha não pode ir a Maomé, Maomé terá que ir à montanha se quiser desfrutar das delícias de uma altitude elevada. Nossa cultura ocidental proporcionou muitos benefícios no que se refere ao saneamento físico, mas nem sempre o mesmo pode ser dito dela em relação ao saneamento mental, e é chegada a hora, já passou da hora, de uma mudança em sua atitude, conforme os psicanalistas vêm alertando há bastante tempo.

Em escritos anteriores, tentei mostrar as implicações práticas da doutrina da Manifestação por meio dos Pares de Opostos, que é um dos princípios mais fundamentais e de longo alcance da tradição esotérica. Muito do que tive a dizer é tão profundamente esotérico e tão imediatamente prático que fui obrigado a aderir ao antigo método do mito e da metáfora. Essas coisas não são para os profanos, que as interpretam mal ou abusam delas. Aqueles que têm olhos para ver podem ler nas entrelinhas.

Neste atual contexto, tentarei resumir os princípios envolvidos e trazer todo o conceito para um único foco; contudo, mesmo assim, tal é sua natureza inerente, como de fato a natureza de toda manifestação, que meu argumento precisa se mover em um circuito, retornando de onde começou para sua explicação e aplicação finais.

A manifestação ocorre quando o Um se divide em Dois que agem e reagem um sobre o outro. A Manifestação termina quando a Multiplicidade é resolvida ou absorvida de volta na Unidade. A transição de plano para plano de manifestação ocorre da mesma maneira. Para que qualquer coisa ou fator seja trazido de um plano superior para um inferior, é necessário analisar os fatores contraditórios que são mantidos em equilíbrio em sua natureza. Para fazê-lo, a pessoa imagina os extremos opostos de que é capaz e os expressa separadamente, mantendo na consciência sua unidade essencial quando em equilíbrio.

Igualmente, caso o deseja seja elevar qualquer fator de um plano inferior a um superior, concebe-se seu oposto e reconcilia-se o par na imaginação e na realização.

Qualquer par de fatores, dividido para efeitos de manifestação, age e reage um sobre o outro, alternadamente lutando para se unir e, no ato de unir, trocando magnetismo, e então, seu magnetismo tendo sido trocado, repelindo-se e buscando se afastar, restabelecendo assim sua individualidade separada; então, esta sendo estabelecida e uma nova carga de magnetismo tendo sido gerada, mais uma vez eles anseiam um pelo outro a fim de trocar magnetismo, o mais potente emitindo, e o menos potente recebendo a carga. Nunca se deve esquecer a esse respeito que a potência relativa não é algo fixo que depende do mecanismo ou da forma, mas algo variável que depende da voltagem ou vitalidade. Além disso, a carga passa para a frente e para trás como uma corrente alternada, jamais com um fluxo unidirecional permanente.

Estes são os fundamentos do conceito e têm sua aplicação em todos os aspectos da existência. Por ignorá-los e pela nossa tendência inveterada de tentar manter o status quo sempre e onde quer que esteja estabelecido, causamos esterilidade interminável, tão desnecessária quanto destrutiva e desperdiçante, e cuja causa não se suspeita.

Uma ilustração servirá para mostrar as ramificações de longo alcance da influência desse princípio. Aplique esses conceitos à relação de iniciador e candidato, de líder e seguidor, de homem e mulher; então, depois de aplicá-los, releia essas páginas e veja se você consegue ver o que está escrito nas entrelinhas.

Mas não somente existe um fluxo de magnetismo entre os Pares de Opostos, mas também uma circulação de força entre as partes e o todo. O Homem é um Microcosmo perfeito do Macrocosmo; nenhuma outra criatura, assim se ensina, compartilha desse desenvolvimento. Para os anjos, faltam os aspectos inferiores; para os Elementais, os superiores. Em consequência de sua natureza múltipla, o homem está em relacionamento magnético com o cosmo como um todo, não apenas com uma apresentação limitada ou selecionada dele. Há um fluxo e retorno entre cada aspecto de nossos seres e caráteres e o aspecto correspondente no cosmo. Assim como os elementos químicos em nosso corpo denso se derivam e retornam ao fundo geral da matéria, também pelos processos do metabolismo, os fatores psíquicos em nossos corpos mais sutis não são estáticos nem exclusivos, mas são mantidos por um fluxo e retorno perpétuos como um circuito de água quente que flui da caldeira para o tanque de armazenamento e vice-versa em virtude de suas próprias propriedades físicas. Se, por qualquer razão, formos cortados desse fluxo livre de força natural, algum aspecto de nossa natureza se atrofiará e morrerá. Ou se o fluxo for retido sem ser bloqueado, algum aspecto sofre inanição. Quando isso ocorre, há um aspecto de morte facilmente reconhecível em todas as relações da vida, uma vez que se percebe sua natureza. Se o iniciador não estiver em contato com as forças espirituais, não pode transmiti-las ao candidato e, portanto, 'falha em iniciar'. Se o candidato não traz nenhuma profundidade real de sentimento à sua iniciação, ele não emite magnetismo; e como o magnetismo só pode ser derramado em uma pessoa que o está emitindo - uma verdade pouco compreendida, mas de longo alcance - esse candidato não recebe derramamento algum de poder e a iniciação é ineficaz. Se um líder não tem grandes princípios para guiá-lo, mas é um mero oportunista, a inspiração que provocará em seus seguidores consistirá em nada mais do que uma esperança de compartilhar os despojos. Se um homem e uma mulher não estiverem em contato com a Natureza, eles terão pouco a dar um ao outro que tenha algum valor vital e, portanto, logo se separarão - nos planos internos, mesmo que a convenção os mantenha unidos no plano externo.

A operação de intercâmbio magnético em todos os seus aspectos pode ser cultivada e desenvolvida. Em seu aspecto subjetivo, ela é desenvolvida por certas práticas de Hatha Yoga, que, embora definitivamente perigosas se feitas incorretamente, são muito valiosas se feitas corretamente. Sem este desenvolvimento do magnetismo subjetivo e a aquisição de habilidade em sua direção e controle, é impossível operar com segurança ou satisfatoriamente os contatos com os reservatórios correspondentes de força magnética no cosmo; mas uma vez que se alcance certo grau de desenvolvimento e habilidade, é uma perda de tempo perseverar com métodos exclusivamente subjetivos.

Contatos com forças cósmicas, entretanto, não são coisas que podem ser feitas ao acaso, não mais do que o contato com um relâmpago; portanto, fórmulas são usadas para permitir que a mente primeiro contate e, em segundo lugar, controle a força cósmica escolhida. Essas fórmulas podem, no caso de operadores experientes, totalmente habilidosos na arte, ser puramente mentais e consistir em imagens na imaginação representativas da força em questão. Mas apenas pessoas altamente desenvolvidas podem obter resultados por meios puramente mentais, e para pessoas menos desenvolvidas, a cooperação de outros no trabalho coletivo é necessária. O trabalho solitário logo se torna árido, cansativo e improdutivo de resultados, como todo estudante de ocultismo pode testemunhar.

No entanto, a menos que haja trabalho solitário, o operador fica desmagnetizado. Consequentemente, devemos nos acostumar com a ideia de uma mudança perpétua de estado e alternância entre o trabalho subjetivo solitário e o trabalho coletivo objetivo. De outra forma, não podemos esperar manter a sensação de entusiasmo que nos diz que as forças estão fluindo livremente.

Essas coisas são o segredo não apenas do poder mágico, mas da própria vida em todos os seus relacionamentos. São coisas que até o pensamento exotérico mais esclarecido ignora totalmente, e são as verdadeiras chaves para o trabalho prático ocultista. Elas são os Segredos Perdidos dos Mistérios, segredos que foram perdidos quando uma religião ascética, embora um corretivo valioso para o excesso, destruiu a verdade oposta polarizadora que sozinha poderia mantê-la em equilíbrio. É o grande erro de nossa ética ser incapaz de perceber que se pode ter demais de algo bom.

Quando, para nos concentrarmos exclusivamente em Deus, nos desligamos da natureza, destruímos nossas próprias raízes. Deve haver em nós um circuito entre o céu e a terra, não um fluxo unidirecional, drenando-nos de toda a vitalidade. Não basta extrairmos a Kundalini da base da coluna; devemos também atrair a luz divina por meio do Lótus de Mil Pétalas. Igualmente, não basta para nossa saúde mental e desenvolvimento espiritual atrairmos a Luz Divina, devemos também atrair as forças terrestres. Com demasiada frequência, a saúde mental é sacrificada pelo desenvolvimento espiritual através da ignorância ou negação desse fato. A natureza é Deus manifesto, e nós A blasfemamos por nossa conta e risco.

# 6. Os Três Tipos de Realidade

A MENOS QUE PERCEBAMOS A DIFERENÇA ENTRE O COSMO E o Universo, nunca alcançaremos um verdadeiro entendimento da filosofia esotérica. Este ponto é extremamente importante, pois marca a distinção entre aqueles que sabem como interpretar os sistemas de símbolos e aqueles que não sabem.

Não se trata de um conceito fácil de apreender, mas tentaremos transmiti-lo da forma mais simples possível, pois ele dá origem a muitos pontos práticos importantes.

Para todos os efeitos práticos, nosso sistema solar é uma unidade fechada. As influências por ele recebidas de outros corpos celestes mudam, se é que mudam, em tão vastos ciclos de tempo, que temos justificativa em considerá-las constantes no que nos diz respeito. Este sistema solar surgiu de uma nebulosa, os planetas sendo expulsos pelo sol e, por sua vez, expelindo suas respectivas luas. Podemos, portanto, dizer, com relação ao nosso universo: 'No início havia uma nebulosa!'

Mas quando dissemos isso, não nos livramos do problema. De onde veio a nebulosa original? Que ela se condensou da matéria difusa do espaço, pode ser a resposta a essa pergunta. Mas ainda não chegamos ao começo. De onde derivou a matéria do espaço, seja ela qual for, as características inerentes que surgiram no processo de sua evolução? Na verdade, a própria palavra evolução implica involução. Nada pode ser desdobrado que não tenha sido dobrado anteriormente. Deve ter havido uma fase de existência que precedeu o desdobramento da evolução, pois a evolução não é uma criação contínua de algo a partir do nada, mas um manifestar-se de latências.

Resolvemos esse problema, para os propósitos de qualquer raciocínio que queiramos desenvolver, postulando o Grande Imanifesto, a Raiz de Todo o Ser, que é realmente o equivalente metafísico de X, a quantidade desconhecida. Em álgebra, X permite que os cálculos sejam feitos com quantidades conhecidas, mas no final não alcançamos mais entendimento a respeito de sua própria natureza do que possuíamos quando começamos. Na metafísica, tudo o que não entendemos, nos referimos a este X, que não é apenas o Grande Imanifesto, mas também o Grande Desconhecido.

O Desconhecido, entretanto, é um termo relativo, e esoteristas, ou por falar nisso, evolucionistas também, não concordariam com Herbert Spencer que o Grande Desconhecido é também o Grande Incognoscível. Com a extensão da consciência humana, seja no curso do desenvolvimento evolutivo ou por métodos intensivos, muita coisa pode se tornar conhecida que era, até então, desconhecida. Na verdade, muita coisa é conhecida do cientista, do filósofo, do metafísico, que é uma parte do Grande Desconhecido no que toca ao homem mediano; e muito é conhecido do homem mediano que também faz parte do Grande Desconhecido para uma criança. O Grande Desconhecido, portanto, não é uma coisa em si, mas sim uma relação que existe, ou talvez mais precisamente, não existe, entre Si e certos aspectos do Não-si.

O Grande Imanifesto não pode ser o Grande Inexistente. O Inexistente simplesmente não é, e isso é tudo o que se pode dizer sobre ele. Mas o Grande Imanifesto de fato é, e chamá-lo de Raiz de Todo o Ser é uma descrição muito boa. É apenas imanifesto no que nos diz respeito, porque não temos, em nosso atual estado de evolução, pelo menos, nenhuma faculdade ou sentido por meio dos quais possamos contatá-lo. Se uma extensão da consciência ocorre, entretanto, por meio da qual nos tornamos conscientes de um aspecto da Raiz de Todo o Ser que até então não havia sido percebido por nós, então para nós ele não é mais Imanifesto, mas se tornou Manifesto.

Poderíamos dizer, então, que a manifestação ocorre por meio da compreensão? As atualidades, que são as essências numenais subjacentes a tudo o que existe, jamais se tornam manifestas no sentido de se tornarem objetos da experiência sensorial. Mas estariam nossas apreensões limitadas à experiência sensorial? O psicólogo diz que sim. O esoterista diz que não. Nenhuma experiência sensorial permitiu a Darwin apreender a lei da evolução. Seus cinco sentidos podem ter permitido que ele observasse os inúmeros fenômenos sobre os quais baseou sua dedução final, mas era uma faculdade bastante distinta da consciência sensorial por meio da qual ele finalmente apreendeu a natureza da coesão subjacente entre as inúmeras unidades separadas que tinham passado sob sua observação no decorrer de suas pesquisas.

Uma fórmula que resume uma série de fatos objetivos é menos realidade do que os próprios fatos? Sua realidade consiste nas marcas que, como figuras e letras, a representam no papel? Não é uma coisa em si mesma em seu próprio plano? Precisamos desiludir nossas mentes da ideia de que apenas a matéria densa é real. Existem muitas formas de energia que não são físicas. Por trás da realidade física existe uma realidade psíquica, e por trás da realidade psíquica existe a realidade espiritual. Pensar apenas em termos de matéria é um mau hábito mental e cria uma perspectiva totalmente falsa da existência.

Podemos definir a realidade psíquica dizendo que ela consiste na soma total das compreensões, por mais turvas, que a consciência, por mais rudimentar, alcançou. Sobre a realidade espiritual, seria melhor nos limitarmos a dizer que ela consiste no ainda não compreendido Grande Imanifesto e que nele está a Raiz de Todo o Ser.

E mesmo quando uma realidade psíquica é formada por meio da realização, a realidade espiritual não é eliminada, mas permanece como a essência subjacente que dá validade ao todo. Pois podem haver realizações psíquicas que não são realidades, mas irrealidades, porque inadequadas ou imprecisas, e nelas podemos procurar a raiz do Mal Positivo.

Pode-se muito bem perguntar: que consequências práticas podem haver para nós no mundo do trabalho diário como consequência dessas sutilezas metafísicas refinadas? Quando suportamos o fardo e o calor do dia, o que nos importa se existe uma realidade psíquica distinta da coisa em si, a realidade espiritual? E aliviaria nosso fardo sabê-lo?

É sobre considerações como essas que repousa toda a estrutura da aplicação prática do poder da mente; é no campo da realidade psíquica que os raciocínios e afirmações da Ciência Cristã e do movimento do Novo Pensamento em geral encontram seu escopo e do qual derivam seu poder. É no campo da realidade psíquica que o adepto e o mago trabalham por meio da mente treinada, pois o plano da realidade psíquica é suscetível à manipulação mental.

## Os Habitantes do Invisível

Quem quer que entre em contato com o mundo invisível, seja por meio de seu próprio psiquismo ou empregando o psiquismo de outrem como canal de evocação, precisa de algum sistema de classificação para poder compreender os fenômenos variados com os quais se deparará. Nem todos eles são devidos aos espíritos dos que partiram; existem outros residentes do mundo invisível além daqueles que outrora tiveram forma humana. Tampouco os fenômenos se devem todos à mente subconsciente inteiramente subjetiva. A confusão surge quando o que deveria ser atribuído a uma divisão é atribuído a outra. Pode-se claramente demonstrar que a explicação oferecida não explica os fatos. No entanto, não se eliminam os fatos mostrando-se que a explicação é falaciosa.

Uma classificação correta produziria uma explicação que pode resistir a qualquer investigação imparcial e ter sua sabedoria justificada.

A classificação que se propõe empregar nestas páginas é extraída em grande parte das fontes ocultas tradicionais, e acredita-se que lançará luz sobre certas experiências com que se deparam os pesquisadores psíquicos. Oferece-se em um espírito de cooperação, como testemunho independente de uma experiência comum.

## I. As Almas dos que Partiram

De todos os habitantes dos mundos invisíveis, aqueles com os quais é mais fácil para nós entrarmos em contato são as almas de seres humanos que se despojaram de suas vestes externas de carne, seja temporária ou permanentemente. Qualquer pessoa familiarizada com o pensamento espiritualista ou esotérico logo se habitua à ideia de que o homem não muda com a morte. A personalidade permanece, é apenas o corpo que se foi.

O esoterista, em seu conceito da natureza das almas que partiram, distingue entre aqueles que estão passando pela fase inter-natal, isto é, que estão vivendo nos mundos não-físicos entre as encarnações, e aqueles que não irão encarnar novamente. Há uma grande diferença de capacidade e perspectiva entre esses dois tipos de almas, e muitas das questões atualmente pendentes entre o espiritualismo e o ocultismo são, sem dúvida, devido a uma falha em reconhecer esse fato.

O ocultista não afirma que a existência é uma sequência eterna de nascimento e morte, mas que em uma certa fase da evolução a alma entra em uma série de vidas materiais e, por meio do desenvolvimento durante essas vidas, ela finalmente supera a fase mundana de evolução, tornando-se cada vez mais espiritualizada no final deste período, até que finalmente conquista sua liberdade da matéria e não mais reencarna, continuando sua existência como um espírito desencarnado com uma mente humana. A mentalidade, afirma o ocultista, só pode ser obtida por meio da encarnação na forma humana. Aqueles seres que não passaram por essa experiência não têm a mentalidade como a entendemos, com certas exceções que consideraremos mais tarde.

Na maioria das vezes, são as almas dos viventes mortos que são contatadas na sala de sessão espírita. As almas liberadas seguem para seu próprio lugar e não são tão facilmente alcançadas. Apenas retornam ao alcance da esfera terrestre aqueles que têm algum assunto lá. A discussão deste ponto abriria um vasto campo de interesse com o qual não podemos lidar no momento. Deve ser suficiente dizer que, como é bem sabido por todos os trabalhadores da pesquisa psíquica, existem almas de um tipo mais elevado do que as comumente encontradas, que estão preocupadas com a evolução da humanidade e com o treinamento daqueles que estão dispostos a cooperar com elas em seu trabalho. Podemos dizer, então, que as almas dos que partiram podem ser divididas em três tipos: as almas dos viventes mortos, que retornarão novamente à vida terrena; almas liberadas que superaram a vida terrena e prosseguiram para outra esfera de existência; e as almas liberadas que, tendo prosseguido, retornam novamente à esfera terrestre porque têm trabalho a fazer nela. O reconhecimento desses três tipos de almas que partiram servirá para explicar muitas das discrepâncias que encontramos entre as declarações de espiritualistas e ocultistas. O ocultista visa principalmente entrar em contato com as almas liberadas para fins de um trabalho específico no qual tanto ele quanto elas estão envolvidos; na maioria das vezes, ele rigorosamente não se envolve com as almas dos viventes falecidos. Pessoalmente, acho que está errado ao agir assim. É bem verdade que elas podem oferecer pouca ajuda a ele em seu trabalho escolhido, mas a companhia habitual dos vivos com os mortos rouba da morte a maior parte de seus terrores e está gradativamente construindo uma ponte entre aqueles que permanecem e aqueles que já se foram. O ocultista certamente não deve convidar a cooperação dos viventes falecidos como faria com as almas liberadas, pois eles têm seu próprio trabalho a fazer; nem pode confiar tanto em seu conhecimento e percepção quanto nos daqueles que estão livres da roda do nascimento e da morte; nem tem ele o direito de tentar usá-los como faria com os espíritos Elementais no transcorrer de seus experimentos. Admitindo essas ressalvas, no entanto, parece não haver razão para que o ocultista não deva compartilhar o intercâmbio de amenidades que está continuamente ocorrendo através da fronteira. Afinal, a morte é um dos processos da vida, e os falecidos são muito vivos e bastante normais.

## II. Projeções dos Viventes

O aparecimento de um simulacro de um ser humano à beira da morte é extremamente comum, e existem inúmeros exemplos bem atestados de sua ocorrência. Não é tão conhecido, entretanto, que é possível que o simulacro, ou forma astro-etérica, seja projetado voluntariamente pelo ocultista treinado. Tais projeções, em proporção às hostes de almas desencarnadas encontradas quando se cruza o limiar, são extremamente raras; no entanto, ocorrem e é possível se deparar com elas, devendo, portanto, ser incluídas em qualquer classificação que pretenda ser abrangente. Normalmente, essa alma projetada parece estar inteiramente preocupada com seus próprios assuntos e em um estado de absorção que faz com que pareça ignorar o que está à sua volta. Na verdade, acontece com mais frequência que o espírito desencarnado tem um trabalho muito difícil em manter a consciência nos planos superiores, e sua auto-absorção é a do iniciante em uma bicicleta. Ocasionalmente, a comunicação pode ser estabelecida entre tal corpo etérico projetado e um grupo de experimentadores, e resultados muito interessantes são obtidos; mas, a menos que haja materialização suficiente para tornar o simulacro visível para o não psíquico, o experimento participará mais da natureza da telepatia enxertada na mediunidade do que de uma projeção verdadeira da forma astro-etérica. Esses visitantes não são anjos nem demônios, mas 'humanos, demasiadamente humanos!'

## III. As Hierarquias Angelicais

O protestante mediano tem uma noção muito vaga a respeito das hierarquias angelicais, as grandes hostes de seres de uma evolução diferente da nossa, embora filhos do mesmo Pai Celestial. A Qabalah, entretanto, é explícita neste ponto e os classifica em dez arcanjos e dez ordens de seres angelicais. A teologia budista, hindu e maometana são igualmente explícitas. Podemos, portanto, reconhecer que nesta concordância de testemunhas há garantia do testemunho, e pode servir melhor ao nosso propósito tomar como nosso guia aquele sistema do qual o Cristianismo teve sua origem - o Judaísmo místico.

Não entraremos nas classificações elaboradas empregadas pelos rabbis judeus, que têm sua importância para os propósitos da magia, mas não são pertinentes ao nosso presente assunto. É suficiente que percebamos que existem seres divinamente criados em graus variáveis de grandeza, desde o poderoso arcanjo que São João, o Divino, viu em pé ao sol, até os mensageiros celestiais sem nome que de vez em quando visitaram a humanidade.

Além das esferas às quais são atribuídos os espíritos desencarnados da humanidade habitam esses seres celestiais, e em alguns altos níveis de luz espiritual, o psíquico ou médium às vezes os toca. Nos roteiros de Vale Owen há muita coisa a respeito deles que é de grande interesse.

Dizem os rabbis que esses seres são perfeitos, cada um segundo sua espécie; mas não evoluem e é perceptível que não possuem intelecto. Quase se poderia chamá-los de robôs divinos, cada um estritamente condicionado por sua própria natureza perfeitamente para cumprir a função para a qual foi criado; livre de toda luta e conflito interno, mas imutável e, portanto, sem evolução.

Nenhum anjo, afirma-se, jamais sai de sua própria esfera de atividade. O anjo que tem 'cura em suas asas' não pode conceder visão, nem o outorgador de visões serve como forte guardião contra os poderes das trevas.

Os esoteristas fazem uma distinção fundamental entre os anjos e as almas dos homens. Dizem que as Centelhas Divinas, que são os núcleos das almas dos homens, procedem do cosmo numênico, do mesmo plano em que o Logos Solar tem Seu ser. Elas são, portanto, da mesma natureza mais íntima da Divindade. Os anjos, por outro lado, são criados pelo Logos Solar como os primeiros de Seus seres criados. Eles nem caem na geração, nem se erguem pela regeneração, mas permanecem na perfeição imutável, mas sem evolução, até o final da época.

As funções dos anjos são diversas e não podem ser abordadas aqui em detalhes. Eles são, cada um de acordo com seu cargo e posição, mensageiros de Deus nas coisas do espírito, mas não têm contato direto com a matéria densa. Essa função é totalmente desempenhada por uma outra ordem de seres, os Elementais, que diferem em origem e natureza íntima tanto dos anjos quanto dos homens.

## IV. Elementais

Existe muita confusão de pensamento a respeito das ordens de seres conhecidos como Elementais. Às vezes são confundidos com os espíritos dos homens. Sem dúvida, muitos acontecimentos atribuídos aos espíritos devem ser atribuídos às atividades dessas outras ordens de seres. Novamente, eles não devem ser confundidos com os demônios malignos ou, para dar a eles o nome Qabalístico, Qliphoth.

Elementais são as formas-pensamento geradas por sistemas coordenados de reações que se tornaram estereotipadas pela repetição constante e imutável. Alguma explicação é necessária para tornar este conceito claro, e o entenderemos melhor se examinarmos os meios pelos quais os elementais passam a existir.

Cada época de evolução é constituída pela saída e retorno de uma onda de vida de almas viventes. A terminologia esotérica se refere a elas como os Senhores da Chama, da Forma, e da Mente. A evolução atual se tornará os Senhores da Humanidade. Cada onda de vida desenvolve sua contribuição característica para a evolução. Quando as Centelhas Divinas que constituíram os núcleos das almas em evolução de cada evolução são recolhidas, ascendendo os planos e sendo reabsorvidas no Reino de Deus, seu trabalho permanece para trás naquilo que construíram, sejam os elementos químicos evoluídos pelos Senhores da Chama, ou as reações de consciência evoluídas pelos Senhores da Mente.

A humanidade, afirma-se, está evoluindo o poder da consciência coordenada, e os Senhores da Humanidade, portanto, mantêm a mesma relação com os Senhores da Mente que os Senhores da Chama mantêm com os Senhores da Forma. Esses seres, no entanto, das três ondas de vida anteriores, passaram para fora do alcance da vida de nossa terra, cada grupo para seu plano apropriado, e os Senhores da Humanidade ainda estão absorvidos na tarefa de construir e ainda não escaparam, exceto aqueles poucos que se tornaram Mestres, da escravidão do material em que trabalham. Consequentemente, raramente algum psíquico, exceto os adeptos de graus mais elevados, entra em contato com qualquer um desses seres.

Eles deixaram para trás, entretanto, como já foi observado, as formas que que construíram no decorrer de sua evolução. Essas formas, como ensinam os psíquicos, na verdade consistem em sistemas coordenados de tensões magnéticas. Sempre que ocorre qualquer movimento, uma corrente elétrica é configurada, e se a série de movimentos coordenados se repete muitas vezes, essas correntes tendem a fazer ajustes entre si e tornarem-se coordenadas por conta própria, bastante independentemente das formas físicas cujas atividades deram origem a elas. É a partir desses coordenadores que os Elementais evoluem.

Não podemos nos aprofundar neste assunto tão interessante e intrincado nas páginas presentes. É um assunto para um estudo separado. Já foi dito o suficiente, no entanto, para indicar que embora o produto final da evolução do reino angelical, do humano, e do Elemental seja produzir consciência e inteligência, a origem dos três tipos de seres é inteiramente diferente, e assim também é o seu destino.

As Centelhas Divinas são as emanações do Grande Imanifesto, Ain Soph Aur, na terminologia dos Qabalistas; os anjos são as criações do Logos Solar, e os Elementais são 'as criações dos criados', quer dizer, são desenvolvidos a partir das atividades do universo material.

Dos Elementais assim evoluídos, existem muitos tipos. Em primeiro lugar, as quatro grandes divisões dos espíritos Elementais da Terra, do Ar, do Fogo e da Água, conhecidos respectivamente pelos Alquimistas como Gnomos, Silfos, Salamandras e Ondinas. Na verdade, representam quatro tipos de atividade decorrentes de quatro tipos de relações. Nos sólidos (o Elemento da terra), as moléculas aderem umas às outras. Em líquidos (o Elemento da água), as moléculas se movem livremente. Nos gases (o Elemento do ar), elas se repelem e, portanto, se espalham até seus limites extremos. E no fogo a propriedade essencial de sua atividade é mudar de plano ou transmutar. Os quatro reinos de Elementais primários, sob seus reis angelicais, representam a ação coordenada, intencional e inteligente dessas quatro propriedades da matéria - o lado mental dos fenômenos materiais, para ser precisa.

Este fato é bem conhecido pelos ocultistas, e eles empregam o lado mental da matéria em seu trabalho mágico. Consequentemente, muitos desses sistemas Elementais de reações foram, por assim dizer, domesticados por adeptos. Elementais assim domesticados tornam-se imbuídos de consciência de um tipo humano. Às vezes, os psíquicos se deparam com esses Elementais desenvolvidos (ou iniciados).

Estamos agora nos aproximando de alguns dos aspectos mais secretos do ocultismo, e não podemos dizer muito; e mesmo que disséssemos, pouco a respeito seria compreendido, exceto por aqueles que já eram bem versados na ciência esotérica.

# 7. Não-humanos

Por este termo nesta seção queremos dizer de uma forma geral todo tipo de inteligência senciente que não está encarnada no momento em um corpo humano - isso inclui aqueles espíritos desencarnados que falam através de médiuns e aqueles que chamamos de Mestres ou Adeptos dos Planos Interiores, não compartilhando da nossa vida humana, embora espíritos humanos, mas os consideramos não-humanos para fins de classificação. Trataremos do contato com seres que não estão em corpos físicos. Lemos bastante coisa sobre esses contatos na literatura medieval, assim também os antigos têm muito a dizer, e hoje entre as tribos primitivas do Oriente e do Novo Mundo. Também há bastante coisa sobre o assunto em certas seções de nosso próprio folclore, especialmente entre os celtas. O anglo-saxão mediano se contenta com apenas um não-humano, sendo este o Diabo. Portanto, estamos lidando com um considerável corpo de testemunhos do contato entre seres humanos e não-humanos, e não há fumaça sem fogo. Portanto, devemos considerar: 'Existem tais coisas? A comunicação é possível e, em caso afirmativo, é aconselhável sob quaisquer condições ou sob certas condições?'

Tomando a ampla questão das outras fases da evolução, não há razão para que não haja outras formas de existência além da matéria física densa. Para a pessoa destreinada, nada é real, exceto as coisas materiais nas quais ela pode esbarrar e cair. Mas qualquer pessoa com alguma experiência em trabalho científico sabe que existem forças invisíveis da existência no nível imediatamente adjacente da matéria densa, que podemos alcançar com certeza absoluta. Por que não haveria outras um pouco mais adiante? Devemos nos limitar ao que podemos ver, ou devemos dizer que há mais coisas entre o céu e a terra do que sonha a nossa vã filosofia?

Vamos assumir como certa essa visão para poupar nosso tempo e prosseguir na consideração da natureza dos não-humanos. A Ciência Esotérica nos ensina que existem outras linhas de evolução além da nossa. Assim como a luz e o som não ocupam espaço em nosso ar, esses seres não ocupam espaço, não têm peso ou massa, interpenetram a matéria e você pode passar por um deles, como por um fantasma. Eles são modos de consciência diferentes dos nossos. Podemos ver um músico em êxtase, em estado de êxtase com o que pode soar para nós um mero ruído, porque seu ouvido treinado distingue os sons. Portanto, existem esses outros modos de existência diferentes dos nossos e eles se interpenetram com os nossos. Contatamos esses outros modos de vida apenas sob três condições. Temos que começar a perceber de uma maneira diferente; então descobrimos que estamos encontrando seres de um tipo que não sabíamos que existia, e é uma experiência surpreendente para ambos. Em segundo lugar, podemos entrar em contato com esses outros seres se houver alguém por perto que seja um médium materializante e que possa exsudar ectoplasma. Em terceiro lugar, os ocultistas que se dedicam a tais formas de trabalho, por meio de operações mágicas, podem invocar seres de outras formas de existência para a materialização. Então vemos que existem condições através das quais podemos contatá-los, mas é um processo fora do normal para ambas as partes. Quando um ser humano começa a elevar sua consciência aos planos sutis, ele é, por assim dizer, um fantasma para os habitantes desse plano. Portanto, quando o fazemos, temos uma sensação de perigo, de coisas que nos são adversas; a razão é que esses seres têm medo de nós e estão na defensiva. É diferente no caso do ocultista iniciado, que sai para o invisível com 'cartas de apresentação' e há uma relação fraterna. Então, a consciência do adepto se move ao longo de trilhas bem conhecidas com suas credenciais, e ele sente mais como antagônicos esses planos, sabe como se comportar e é uma questão totalmente diferente. Mas essas jornadas não são coisas a serem empreendidas ao acaso por pessoa alguma. Podemos ofender muito os seres de outro plano e sermos rejeitados com força. A questão da comunicação entre os dois planos resolve-se na mudança dos níveis de consciência do nosso lado ou na montagem de uma forma substancial do outro lado e em ambos é essencial que ambos saibam o que estão fazendo e observem certas precauções. E agora que tipo de seres são aqueles que são assim contatados? Em primeiro lugar, existem os viventes falecidos, aqueles que os espiritualistas costumam contatar quando alcançam o invisível. O movimento Espiritualista foi criado quase ao mesmo tempo que o movimento Ocultista moderno e a Ciência Cristã. Quatro grandes movimentos surgiram no último quarto do século passado - Espiritualismo; Ciência Cristã, e seus aliados, Novo Pensamento, etc; a Sociedade Teosófica sob Blavatsky; e uma agitação geral e um movimento de vida na própria Tradição Esotérica Ocidental, muito menos conhecido. Cada um deles tinha seu próprio trabalho a fazer. Os Espiritualistas tinham como trabalho a associação com os espíritos humanos dos que partiram, mas que ainda estavam na esfera terrestre. Nunca foram muito além disso. Assim como o ocultista que trabalha em seus contatos para cima e para baixo em um determinado raio entra em contato com seres de seu raio, assim também trabalha o Espiritualista, e sua experiência é limitada. Esses seres são Personalidades humanas. A maioria de vocês sabe que a Personalidade humana perdura por um tempo após a morte do corpo, passando por uma experiência purgatorial, de lá para um céu inferior para descansar em um sonho agradável, então para a Segunda Morte, a morte da Personalidade desta encarnação, incluindo a mente inferior, que é desintegrada; a partir disso, o Eu Superior é libertado e passa algum tempo no céu superior antes de reencarnar. O tipo que o Espiritualista encontra são os seres no céu inferior; não creio que haja qualquer sinal de seres atuando na Individualidade. É função do movimento Espiritualista trabalhar com os seres nesses níveis, porque seu trabalho era quebrar a barreira entre os vivos e os mortos. O ocultista, por outro lado, está proibido por suas condições de ter quaisquer tratativas com os viventes falecidos. Ele abre seu contato com aqueles da espécie humana que passaram além da fase reencarnatória da evolução, e também com algumas outras formas diferentes de existência que são muito interessantes. Então o ocultista descobre que, quando é capaz de funcionar em sua consciência superior, está se deparando com seres de tipos muito diferentes de si mesmo. Assim são classificados. Podemos tomá-los como os seres Elementais. São de tipo bem diferente da humanidade. Não possuem Centelha Divina; eles serão desintegrados no final desta evolução e deixarão de existir, a menos que possam desenvolver em si uma natureza espiritual. Esses seres passam a existir assim - onde quer que você obtenha uma série de ações e reações constantemente coordenadas, obtém o que chamamos de 'rastros no espaço'; que permanecem depois de cessadas as atividades que lhes deram origem. Podemos compará-los ao redemoinho da água em uma bacia agitada: depois que o agitador cessa, os redemoinhos na água continuam por algum tempo. Estas, por toda a natureza, são a base de qualquer ser e, sobre tal base, desenvolvem as possibilidades de resposta ao ambiente e à memória. Assim, gradualmente chegamos ao difícil conceito da construção da consciência a partir dos fenômenos naturais. Os Espíritos Construtores, que assim operaram em primeiro lugar nos grandes fenômenos naturais ao serem criados, são Seres Angelicais. Eles se retiram para os planos elevados e deixam as consciências Elementares prosseguirem com o modo estereotipado de reação. Estas permanecem e se desenvolvem, e nós as chamamos de 'as criações dos criados' - essas vidas chamadas à existência não por Deus, mas pelas criaturas de Deus, que não têm poder para dotá-las com vida imortal. Sempre que você obtém um sistema na natureza que reage como uma unidade, uma montanha, um vale, uma floresta, você tem o mesmo sistema de tensões coordenadas em segundo plano, e assim surgem os pequenos espíritos da natureza, ou Devas, ou deuses de localidades, que nossos ancestrais adoravam. A mesma ideia está por trás de diferentes espécies de animais. Se você tem algum conhecimento de biologia, saberá que existem seres muito simples, unicelulares, e a consciência generalizada deles pode não ter uma única vida sob seu controle, mas muitas. Existem certos períodos em sua existência quando há apenas uma mancha verde em alguma superfície úmida e ela se divide em inúmeras coisas pequeninas; estas vivem por um tempo em uma forma de vida livre, então todos eles se reúnem e formam uma grande massa homogênea, chamada plasmódio. O que acontece com a consciência enquanto uma unidade em sua forma de vida livre? Ou pegue as abelhas; a colmeia é a unidade ali, e não a abelha. A unidade pode ser chamada de anjo-abelha. Temos essas diferentes unidades curiosas de evolução de consciência. Em seguida, qual é o resultado lógico? Modos superiores e mais desenvolvidos das forças da natureza. Há uma doutrina oculta muito curiosa, que esses seres, tornando-se mais e mais desenvolvidos e cada vez mais parecidos com os tipos de consciência com os quais estamos familiarizados, tornam-se conscientes de que são almas perdidas, a menos que possam desenvolver uma natureza espiritual. Eles buscam como iniciadores aqueles que possuem uma natureza espiritual; o homem iniciado é o iniciador do ser Elemental: os humanos os tomam como pupilos e os ajudam a desenvolver suas 'centelhas' de consciência individual. Em troca deste serviço, os seres Elementais realizam serviços para o mago. Lemos sobre eles como espíritos familiares. Aqueles que escreviam sobre esses assuntos geralmente eram os padres, e sendo encarregados pela Inquisição de investigá-los, geralmente eram um pouco preconceituosos. Mas existe uma certa relação entre pessoas que entendem os planos internos e seres de outra ordem. E também existe uma relação involutiva, muitas vezes, entre aquelas pessoas que são naturalmente psíquicas sem treinamento e entram em contato espontâneo com outros seres. O efeito desse contato raramente é saudável. Tem o efeito de desequilibrá-las. É um contato estimulante demais. Os Elementais são de tipo puro, compostos de um único Elemento, qualquer que seja, ao passo que o ser humano é uma mistura de todos. Portanto, eles são um estímulo potente demais para aquele único Elemento em nosso próprio ser, sendo muito capaz de desequilibrar um ser humano, induzi-lo a segui-lo e abandonar seus caminhos humanos. Ele é 'levado pelas fadas', ou o que deveríamos chamar de patologia. É possível perceber o controle do pensamento se retirando do veículo físico. Eles ouvem o chamado das fadas, e apenas uma casca vazia permanece, insana. Quando o mago invoca um espírito para aparição individual, ele se coloca em um círculo e desenha um triângulo fora dele e faz com que o espírito se manifeste ali; então realizará o ritual de banimento e o devolverá para onde veio, para sua própria esfera. Mas geralmente o faz apenas para trabalho de pesquisa ou para ajudar com uma patologia. Devemos demarcar a distinção entre o pesquisador sério e a pessoa que está empenhada em experimentar. O resultado do segundo caminho provavelmente não será nada mais do que dano.

Que outras formas de criaturas existem? Eu mencionei os Seres Angelicais, os grandes Arcontes, os espíritos construtores que construíram os planos da natureza no tempo de outras evoluções. Existem todo tipo de seres espirituais muito elevados cujo modo de manifestação está na natureza. Eles são classificados de maneiras diferentes. Falamos sobre os pagãos que adoram muitos deuses, mas em cada religião há sempre o Ser por trás dos deuses, o Pai dos deuses, a Superalma, um conceito bastante abstrato de um Ser. Os 'deuses' de qualquer sistema são essas forças naturais, chamadas de Arcanjos e Anjos no sistema hebraico que nós mesmos usamos. Os seres espirituais jamais tiveram encarnação material, jamais desceram à matéria. A velha tradição é que se oferecia aos espíritos a escolha de permanecerem nos planos internos, sem subir, nem descer, ou descer às profundezas da matéria para subir mais alto que o ponto de partida; e um grupo escolheu uma linha, liderado por Adão, ou melhor, Eva, e outros escolheram a outra. Portanto, as hostes angelicais são nossos parentes e se você voltar o suficiente, encontrará uma época em que homens e anjos eram uma só companhia. Assim, é possível, em certas condições, contatar esses seres angelicais, mas na maioria dos casos não contatamos o ser de fato, que é muito vasto; contatamos seu raio, sua emanação. Se você fosse rico o suficiente, poderia contratar um grande cantor de ópera para vir até sua casa e cantar em sua sala de estar; mas se você tivesse apenas o suficiente para um aparelho sem fio, poderia ouvi-lo no ar. Quando invocamos o Arcanjo Rafael, não esperamos que ele apareça pessoalmente, mas esperamos sentir sua força, seu raio. É o mesmo com as visões de Cristo que foram vistas, a Visão Beatífica. Não é o ser de fato, mas uma sintonização do raio, embora seja a mesma coisa para fins práticos. Precisamos entender essas coisas. Não estamos lidando com uma forma antropológica de fato, mas com modos de consciência, e alguns são tão diferentes dos nossos que não há analogia. Não devemos pensar neles como figuras faéricas; são consciências bastante incompreensíveis para nós.

Além de tudo isso, há uma inumerável hoste de formas-pensamento, expulsas da consciência humana, Elementais artificiais feitos deliberadamente por seres humanos. Estas duram por períodos variados de tempo, de modo que há uma legião de diferentes tipos de seres, nem anjos nem demônios. A ideia de que tudo o que não é físico é ou divino ou maléfico não é verdadeira. Os não-humanos são muito parecidos com os humanos, nem perfeitos nem oniscientes, mas em evolução. Um ponto derradeiro - os seres que os Qabalistas chamam de Qliphoth. Eles são demoníacos, habitando no Reino da Força Desequilibrada, que passou a existir antes que o equilíbrio fosse estabelecido; diferentes tipos de desarmonia, reforçada pela massa de pensamentos malignos desde então. Quando você toca o Invisível, é improvável que você toque os seres divinos de qualquer esfera sem também tocar as Qliphoth dessa esfera. Se você entrar em contato com uma Sephira, também tocará seu lado desequilibrado. Não ouse abrir um contato superior com qualquer uma dessas esferas, a menos que seja capaz de segurar a inferior. Esta é uma grande verdade da vida espiritual. O adepto iniciado sabe disso. Ele sempre visa o equilíbrio dessas grandes forças. Por fim, todos os reinos da terra e abaixo da terra serão redimidos. Nosso Senhor foi pregar aos espíritos na prisão para redimi-los. Eles são simplesmente forças mal colocadas, que quando devolvidas ao seu devido lugar, deixam de ser más. O adepto não pode amaldiçoar os demônios; ele deve realocá-los para equilibrálos. O adepto nunca fala do inferno, mas dos reinos de força desequilibrada. A Árvore da Vida nos permite viajar pelos trinta e dois caminhos, que são vias distintas e bem trilhadas, e o adepto se move entre os seres Elementais com precisão, e sabe onde está; ele é capaz de manter seu equilíbrio.

Qual é o propósito útil de entrar em contato com essas forças? Primeiro, às vezes é necessário que o adepto abra essas condições para esclarecer algo que deu errado com uma alma. Ele pode ter de abrir uma esfera para operar, como um cirurgião, para trazer ao equilíbrio e retornar para sua própria esfera o que deu errado. Além disso, ele pode operar as forças de uma esfera a fim de trazer as forças concentradas daquela esfera para dentro de seu próprio ser, para que possa trabalhar com ela. Em terceiro lugar, pode ser que ele tenha algum trabalho especial a fazer, que só pode realizar dessa maneira. Em suma, para trazer harmonia, para intensificar sua própria natureza e, possivelmente, por outros motivos. Este reino é de natureza variada. As condições sob as quais a comunicação pode ser feita corretamente são raras; deve haver um fechamento e abertura distintos da torneira; mas coisas podem ser efetuadas por esses meios que de outra forma seriam impossíveis.

A comunicação a esmo é mais ou menos um crime e as consequências podem ser desastrosas. Então, por que não manter esse conhecimento em segredo? Porque há tanto dessas coisas por aí que é melhor, provavelmente, ver o que está acontecendo. Se você esbarrar nas coisas no escuro, é melhor ter uma luz para ver o que está acontecendo e trazer controle. Essas forças existem. É possível lidar com elas. É bom saber disso, pois já há muito conhecimento a respeito.

# 8. Magia Negra

A MAGIA NEGRA NÃO É ALGO QUE QUALQUER PESSOA NORMAL estudaria ou buscaria por si mesma, mas dificilmente é possível, e dificilmente aconselhável, estudar os métodos técnicos do ocultismo sem levar em consideração as patologias às quais estão sujeitos. A atenção popular que o ocultismo recebe é em grande parte confinada ao seu aspecto negro; revelações desse aspecto podem sempre comandar o tipo de atenção que se dá a um acidente na rua. Qualquer pessoa que tenha algum conhecimento de ocultismo, entretanto, sempre se impressiona com o fato de que os pretensos expositores nunca colocam os dedos no verdadeiro mal. Eles sentem o mal, assim como os animais sentem um matadouro, mas não percebem o significado dos fatos que registram, nem entendem por que as pessoas em questão estão fazendo essas coisas.

A técnica da magia negra não difere em nada da magia branca; os mesmos princípios se aplicam, os mesmos métodos são usados; o mesmo treinamento em concentração é necessário; a diferença está na atitude do operador, no simbolismo empregado e nos poderes por ele contatados; assim como a mesma educação musical é necessária para o regente de uma orquestra sinfônica ou de uma banda de jazz. E mesmo quando dizemos que certos símbolos e poderes pertencem ao domínio da magia negra, devemos fazer ressalvas, pois esses símbolos podem ser usados, e esses poderes evocados de forma bastante legítima, da mesma forma que riscos perigosos são assumidos por cirurgiões dependendo da ocasião. Pode-se dizer com segurança, entretanto, que se algum desses métodos mágicos for exibido a um público, ele pode ser classificado sem hesitação como negro, porque não pode deixar de despertar os instintos mais vis dos espectadores, que ali estão sem qualquer propósito útil. Existem também certas técnicas de sexo e magia do sangue que, embora possam ser bastante inofensivas entre os povos primitivos, são certamente inadequadas entre os civilizados e só são utilizadas por causa de um sensacionalismo degradado. A estas devemos adicionar a evocação deliberada do mal; geralmente só se faz isso para fins de vingança. Mas existem certos tipos de pessoas com um traço natural de crueldade em sua natureza; estes prontamente adotam a evocação do mal com propósitos vingativos e, tendo experimentado os resultados dessa operação, desenvolvem um gosto por ela por si mesmo e se tornam viciados em crueldade por causa do frêmito que causa. A menos que reconheçamos esse traço peculiar na natureza humana, que é muito mais comum do que geralmente se pensa, e é distinguido pelos psicólogos pelo nome de sadismo, nunca compreenderemos certos aspectos da magia negra, pois é no sadismo que a chave para eles deve ser procurado.

A invocação de certos tipos primitivos de forças naturais, embora não seja intrinsecamente negra, é uma operação muito sujeita a se tornar séptica e só deve ser realizada por operadores experientes e dedicados trabalhando em condições de laboratório. É uma parte importante do treinamento de todo adepto, pois quando as forças cósmicas são invocadas, elas sempre surgem em pares, ação e reação sendo iguais e opostas; mas ele jamais sonharia em evocar o aspecto desequilibrado ou Qliphótico em si ou por si mesmo, sendo esta uma operação arriscada demais. Para fins práticos, quando se lida com as forças Elementais, lida-se com elas em suas formas sublimadas, Skehmet, a deusa do fogo com cabeça de Leão, por exemplo, sendo uma forma preferível a Kali. Essas formas grosseiras de força, entretanto, precisam ser compreendidas pelo ocultista ou ele terá problemas com elas.

Qualquer pessoa que realize um estudo sério do ocultismo tem que entender essas coisas, e as pessoas não devem ser rotuladas de negras porque as estudam; na verdade, elas seriam estudantes muito superficiais se não o fizessem; mas qualquer um que fizer uma exibição pública ou exposição popular de magia negra certamente deve ser condenado; pois não é necessário que ninguém, exceto especialistas, esteja familiarizado com essas coisas, e é melhor para o funcionamento geral da humanidade deixá-las em paz; pois insistir nelas costuma colocar a pessoa em contato com elas e, a menos que se tome as precauções que o iniciado toma ao lidar com elas, essa pessoa está sujeita a infecção.

Não se pode dividir a magia em branca e negra por meio de uma linha divisória bem definida; existe o que pode ser descrito como magia cinza, na qual as pessoas embarcam por ignorância ou pelo amor às sensações. Deve-se, portanto, reconhecer a variedade cinza, da qual há muito mais no mundo do que a branca ou a preta; mas devemos também dizer o seguinte sobre ela; que, enquanto o branco é branco, trata-se apenas uma questão de gradação para o cinza se transformar em negro. Existe um teste ácido que pode ser aplicado a todas as variedades de operações - na magia branca, a operação é sempre projetada e executada com o devido respeito à lei cósmica; qualquer operação que não leve em consideração a lei cósmica, mas siga seu próprio caminho, independentemente de quais sejam os princípios espirituais da questão, pode ser classificada como cinza; e qualquer operação que desafie deliberadamente a lei cósmica pode ser classificada como negra.

Vamos esclarecer o assunto por meio de exemplos. Algumas pessoas, achando a dieta mental da vida moderna deficiente em vitaminas espirituais, buscam inspiração nos antigos deuses pagãos. Não se trata de magia negra, dado que se reconheça que Aphrodite Anadyomene é uma coisa e Aphrodite Cotytto é outra. Trata-se, de fato, de um remédio corretivo muito útil para a mente moderna. Trata-se de um remédio, aliás, que tomamos em pequenas doses constantes sem saber, porque grande parte da arte e da poesia se inspira nos clássicos. Esta é uma operação que as pessoas de mente estreita podem chamar de magia negra, mas ninguém com qualquer percepção da vida ou conhecimento de psicologia a consideraria assim.

Por outro lado, mexer indiscriminadamente com sessões espíritas, psiquismo de adivinhação e coisas semelhantes é classificado como cinza em nossa definição, porque não leva em conta nada, exceto desejos pessoais, e jamais se pergunta qual pode ser a qualidade espiritual do que está fazendo. Não surgindo óbvio mal de imediato, e de fato uma quantidade abundante de piedade especiosa estando muito em evidência - uma forma de piedade em que Deus é chamado para abençoar o que está sendo feito, mas nunca se questiona se está de acordo com Sua vontade - assume-se como certo que o que está acontecendo é um entretenimento inofensivo, ou mesmo ativamente edificante, pois tende a colocar a mente acima do materialismo, reforçando assim a fé; os efeitos posteriores são de longo alcance e, embora possam não envolver necessariamente deterioração moral em pessoas de caráter naturalmente saudável - e devemos absolvê-las dessa acusação tantas vezes apresentada - eles causam uma deterioração acentuada na qualidade da mente, e especialmente da capacidade de lógica e juízo. Qualquer forma de envolvimento psíquico ou sobrenatural casual e promíscuo é definitivamente indesejável, em minha opinião, e torna a pessoa que se entrega a ele inadequada para o trabalho sério.

# 9. Um Corpo Mágico

JAMES BRANCH CABELL CONTA A HISTÓRIA DO MONÓTONO E COMUM Felix Kennaston, que cria para si uma personalidade imaginária chamada 'Horvendile', por meio da qual vive grandes aventuras. Esse tipo de brincadeira é comum com crianças, mas as sombras da prisão se fecham ao redor da maioria de nós, e perde-se um campo de experiências e experimentos fascinantes exatamente quando ele está se tornando frutífero. Nas imaginações vicárias de filmes e romances, encontramos um substituto para as criações de nossa própria imaginação, na qual já não conseguimos continuar a confiar por estarmos anestesiados demais ou autoconscientes demais.

Quando as vigas mestras da mente caem soltas em estados psicopáticos, a imaginação criativa produz coisas estranhas para nossa destruição. Ela pode nos aterrorizar com fantasmas do passado primitivo ou nos transformar em comedores de lótus alheios à realidade. Quando a consciência nuclear retém o controle, o mesmo elemento destruidor na psique pode ser disciplinado para a criação por meio de formas de arte, tão sofisticadas e estilizadas que seu conteúdo original dificilmente pode ser discernido, exceto quando se trabalha no material tradicional do mito e do folclore. Por meio desse elo de ligação, podemos traçar a relação entre a imaginação criativa do artista e a técnica do adepto que usa os mitos como suas fórmulas. Ambos estão trabalhando com o mesmo nível da mente subliminar, e cada um tem algo do outro nele; talvez o grau de criatividade em qualquer um dos dois ramos, arte ou magia, dependa da proporção em que o outro está presente.

Há uma técnica no repertório do adepto por meio da qual ele constrói para si mesmo um veículo similar de experiência que Cabell fez seu enfadonho herói criar na personalidade imaginária de 'Horvendile'. Equipados com tal instrumento formado a partir do material de que são feitos os sonhos, podemos entrar no mundo dos sonhos do plano astral e representar nele uma atuação dramática de nossa vida subliminar. Se isso é bom para a saúde mental ou não, depende do grau de bom senso que trazemos para o caso. A fuga da realidade para a fantasia pode ser um perigoso artifício psicológico, mas um feriado da realidade pode ser muito recomendável em termos de compensação e renovação.

Mas se os planos internos são de fato os planos de causalidade para este mundo de forma e matéria, os resultados de tais expedições podem ser profundos, pois podemos colocar em movimento toda espécie de influências sutis cujos efeitos acabarão por atingir nosso reino de tempo e espaço em círculos cada vez maiores. Tais empreitadas não devem ser desprezadas, e a experimentação paciente e ousada pode produzir resultados que valem o esforço e o risco - se houver risco. Pessoalmente, acho que há pouco ou nenhum para a personalidade bem integrada que entende a psicologia do procedimento; não há risco maior, de fato, do que aquele ligado a qualquer outro trabalho da imaginação criativa a que uma pessoa se entrega - a casa pode cair sobre o mau arquiteto, ou a ponte desabar sob o engenheiro incompetente, ou qualquer outra obra do gênio humano explodir e matar seu criador se for de sua natureza explodir, mas por essa razão não abandonamos o trabalho de invenção mecânica por ser muito arriscado para ser um campo justificável da atividade humana.

Portanto, aqui estão algumas notas sobre o assunto de tais experimentos, provisórias, pois o trabalho está em seus estágios iniciais, mas úteis talvez para lançar luz sobre aspectos obscuros da mente humana, tanto normais quanto anormais.

Há muito tempo já estava familiarizada com o método de sair à noite no corpo Horvendile, mas fui incapaz de praticá-lo com sucesso até que recebi meu 'nome mágico'! O nome mágico, seja dado pelo professor ou descoberto por si mesmo, parece ser um ponto importante no processo de formulação do corpo Horvendile; parece desempenhar o mesmo papel que o grão de areia na formação da pérola. A psicologia dos usos do nome mágico precisa de mais estudos do que posso dar no momento sem digressão. Basta dizer que seus usos são tradicionais e eu provei sua eficácia na prática. Como a maioria das pessoas de imaginação fértil, não sou estranha à indulgência em voos da fantasia, em que sou o centro de aventuras românticas em minha própria pessoa; como a maioria dos escritores de ficção, coloquei algo de mim mesma em meus personagens; mas a criação de uma personalidade mágica é um assunto diferente; pois, para ter algum valor, deve ser em todos os sentidos maior do que nós mesmos, e como pode a parte ser maior do que o todo que lhe dá origem?

O problema é aparentemente resolvido voltando ao passado de nossa história evolutiva para um período em que o intelecto não havia obliterado os níveis primitivos de consciência, e usando a mente de hoje para dirigir as atividades subliminares. É, de fato, o método do psicopata invertido, pois no caso dele são os níveis primitivos que se elevam e inundam a mente consciente, usurpando o trono do núcleo da consciência.

Pode ser que o uso do nome mágico tenha alguma relação com o processo de voltar a um tempo passado e despertar o modo de consciência de uma fase de desenvolvimento há muito ultrapassada. Nomes primitivos são sons imitativos ou frases descritivas e, portanto, as sílabas bárbaras dos nomes mágicos podem servir para despertar memórias na alma que já vagou bastante. Não podemos desdobrar na evolução aquilo que não foi dobrado na involução; esquecemos que uma fase de preparação deve preceder toda manifestação. Possuíamos poderes nas fases primitivas de nosso desenvolvimento que tiveram de ser sacrificados a fim de alcançar os poderes superiores da mente humana. Se, retendo esses poderes, pudermos recuperar os segredos perdidos, teremos os meios de elaborar uma consciência Horvendile que deve transcender os limites de seu criador, pois adicionamos o passado ao presente, ou, se outra terminologia for preferida, estendemos a consciência para os reinos geralmente ocupados pelo subconsciente.

Em minha própria experiência da operação, a pronúncia para mim mesma de meu nome mágico me levou a me visualizar em uma forma idealizada, não diferindo no tipo, mas em uma escala super-humana completamente mais grandiosa, em verdade, mas reconhecível como eu mesma, como uma estátua de tamanho maior do que o natural ainda pode guardar boa semelhança. Uma vez percebido, eu poderia re-visualizar novamente esta versão idealizada de meu corpo e personalidade à vontade, mas não poderia me identificar com ela a menos que *pronunciasse meu nome mágico*. Ao afirmá-lo como meu, a identificação foi imediata. A Consciência transferiu-se para a forma assim visualizada e avancei para o mundo dos sonhos *nua*. Sobre aquela nudez, como a de uma estátua antiga, eu poderia, por um simples ato da imaginação, vestir qualquer manto ou cortina que eu desejasse para simbolizar o papel que eu desejava desempenhar.

O nível subconsciente da mente foi construído enquanto a humanidade estava no plano astral, na descida pelo arco involutivo para a imersão na matéria, e a mente subconsciente ainda retém seus métodos astrais de mentação, em termos de valores emocionais e imagens pictóricas; e é obtendo uma compreensão do funcionamento da mente subconsciente que podemos apreciar melhor o funcionamento da consciência elemental. Da mesma forma, é recuperando o acesso aos níveis subconscientes da mente que nos tornamos capazes de funcionar no plano astral. É por esta razão que as impressões dos reinos astrais são Sempre muito confusas pela mistura de elementos subconscientes subjetivos. O subconsciente humano mediano em comunidades civilizadas é principalmente subjetivo, mas o subconsciente humano mediano em raças primitivas é também amplamente objetivo, isto é, é consciente de seu ambiente astral; daí a prevalência da magia entre os povos primitivos, pois eles são magos naturais. O ocultista, ao longo de seu treinamento, aprende a estender o limiar da consciência mais uma vez para a mente subconsciente; mas enquanto na humanidade primitiva a mentalidade terminava com o subconsciente, no homem evoluído, terminam com os poderes de operação das faculdades astrais subconscientes.

A iniciação no plano astral significa mais, entretanto, do que a exploração dos poderes psíquicos. O plano astral é o plano de controle para o grande reservatório de energia etérica, e quando obtemos o direito de entrada no plano astral também obtemos acesso e controle dos subplanos etéricos do plano físico. É desses subplanos que derivam as forças vitais dos organismos físicos, e é o contato com esses grandes reservatórios naturais de força que dá a qualidade magnética peculiar, tão perceptível nas almas que têm os contatos elementais.

Os contatos do Raio Verde também são chamados de Iniciação Céltica, e por esta razão as iniciações que eram trabalhadas pelos gregos e pelos Druidas eram do Astral Superior, em contraste com as iniciações de uma época anterior, que eram iniciações de o Astral Inferior, como testemunham as terríveis divindades de Acádia e Babilônia. Os gregos com sua arte e os celtas com sua música e dança foram os verdadeiros iniciados do Raio Verde, e a influência dos contatos astrais pode ser vista claramente até hoje no temperamento das raças célticas.

O Raio Verde é essencialmente o raio do artista, pois é o subconsciente ou a mente astral que é o fator criativo nas artes, e o grau de inspiração prevalece de acordo com a proporção desta mentação. A técnica vem da mente humana consciente, mas o verdadeiro impulso artístico criativo vem da antiga mente astral da raça, que jaz oculta sob o limiar da consciência sobreposta. Sem a técnica tão dolorosamente adquirida pela disciplina da mão e dos olhos, não pode haver manifestação na matéria do impulso astral criativo. Existem muitos que, tendo os contatos astrais, não podem reduzi-los às formas do plano físico. Estes tendem a serem atraídos para fora desse plano, rumo ao astral, e vemos neles os extremos do temperamento artístico que tendem ao desequilíbrio mental.

Da mesma forma, existem certos tipos de insanidade e certos sintomas em várias insanidades de origem puramente física, que podem ser explicados à luz do nosso conhecimento do reino astral, pois assim como existem certas drogas da variedade do haxixe que artificialmente abrem o centros psíquicos para a percepção do astral, da mesma forma existem certas condições tóxicas do sangue que agem da mesma maneira, e isso explica muitas das alucinações dos insanos que estão na realidade experimentando um psiquismo patológico e vendo à sua volta os habitantes do astral, e também suas próprias formas-pensamento, abundantes em suas auras. A psicologia explica os últimos fenômenos de maneira bastante satisfatória, mas não compreende os primeiros, e recorre a explicações forçadas para alinhá-los com a classe anterior de fenômenos pela qual pode responder satisfatoriamente. A psicologia da insanidade é capaz de lançar luz sobre muitos dos fenômenos da experiência psíquica e isso não é dito com espírito depreciativo algum, mas porque é a simples verdade, pois as alucinações da insanidade são um tipo de fenômeno astral que foi compreendido à luz da ciência moderna.

Muitos outros aspectos aguardam esse processo para sua elucidação; e quando a ciência, e especialmente as ciências que lidam com a personalidade humana, tanto mental como física, perceberem a função e a natureza das influências astrais que atuam na e sobre a matéria densa, um grande passo terá sido dado e uma nova era de descoberta científica descortinada. No momento presente, estamos pairando na véspera dessa realização, como uma gota d'água pendurada na boca de uma proveta; quando a força da gravidade supera a atração capilar, o fluxo começará. Quando houver a compreensão das realidades invisíveis e imponderáveis, uma nova era de descobertas científicas e realizações terapêuticas se descortinará. É a falta dessa compreensão que confunde a ciência no momento presente e torna abortivas linhas de pesquisa como a investigação do câncer e dos endócrinos, ambos, como o ocultista sabe, tão intimamente ligados ao plano astral.

Podemos muito bem perguntar por que qualquer estudante sério de ocultismo (e não se deseja outro tipo nos Mistérios) deveria procurar os contatos do Raio Verde na era atual, quando os contatos herméticos e cristãos lhe estão disponíveis. O estudante hermético os busca a fim de completar suas iniciações, de modo que possa fazer com que os poderes desçam pelos planos até sua manifestação final no plano físico. Esse contato lhe é especialmente necessário se ele também for um terapeuta esotérico, pois os processos tanto de doença quanto de reparo estão intimamente associados às condições astrais, que influenciam diretamente a consciência e o corpo físico indiretamente por meio de seu efeito sobre o duplo etérico. O terapeuta esotérico deve, portanto, necessariamente ter os contatos do plano astral.

# 10. O Campo Oculto Hoje

A PUBLICAÇÃO DE DOIS LIVROS MUITO IMPORTANTES SOBRE MAGIA, *A Árvore da Vida*, de Israel Regardie, e *Magick*, do 'Mestre Therion' (Aleister Crowley), torna aconselhável que a Fraternity of the Inner Light defina sua posição nestes assuntos. Será óbvio para qualquer pessoa que compare esses livros entre si e com o método que é explicado em meu livro *A Qabalah Mística* que o mesmo sistema está sendo usado em todos os três. Alguma explicação é, portanto, desejável para que ninguém seja acusado de plágio ou de roubar o espetáculo de outra pessoa; ou, igualmente, ser considerado associado ou representante de um dos outros.

A explicação é bastante simples: todos os três vêm da mesma fonte, que sempre chamei de Tradição Esotérica Ocidental. Esta Tradição foi reorganizada e disponibilizada para estudantes da língua inglesa pelo falecido S. L. MacGregor Mathers, a cujas mãos chegaram vários MSS cifrados, e que possuía o conhecimento oculto necessário para o uso deles. Ele alegava ter entrado em contato com as fontes de onde esses MSS emanaram, e há uma certa quantidade de evidência objetiva em apoio a essa alegação; mas todo o assunto está envolto em mistério pelo extremo sigilo que ele observava e pelos drásticos juramentos de iniciação exigidos de todos a quem ele ensinou o que havia aprendido; e mesmo com esses ele era extremamente pouco comunicativo em muitos pontos vitais.

Mas seja como for; e quer ele tenha encontrado seu sistema da forma como disse que encontrou, quer o tenha inventado de sua própria cabeça, na prática ele funcionou como um sistema altamente eficiente e satisfatório de ocultismo prático e uma Via de Iniciação.

Em assuntos ocultistas, a prova da comida está na hora da refeição; títulos pomposos e alegações ilimitadas, como a que certas organizações dos Estados Unidos nos acostumaram nesses assuntos, não têm peso algum para aqueles que têm algum conhecimento do assunto e de sua história ou qualquer experiência prática de seu funcionamento. É um dos pontos a favor da autenticidade das alegações de MacGregor Mathers que ele tenha se envolvido no sigilo mais impenetrável e nem mesmo em legítima defesa foi possível tentá-lo a sair da sua casca.

A evidência relativa às fontes das quais MacGregor Mathers obteve seus MSS é, até onde fui capaz de avaliar, inconclusiva e conflitante, e muito foi dito sobre esses MSS, mas que não se pode comprovar. Mas posso garantir que esses MSS existem, porque conheço pessoas confiáveis que realmente os viram; mas, como estavam cifrados, meus informantes não tinham mais informações, nem sabiam dizer quanto MacGregor Mathers obteve deles e quanto acrescentou na forma de trabalho original.

Obter informações precisas sobre o assunto não foi fácil, especialmente porque entrei em cena no final do dia, após a morte de MacGregor Mathers, e foi como tentar obter evidências sobre a natureza do tecido com o qual foram feitas a Nova Roupa do Imperador. Todos juraram por suas almas imortais quanto à veracidade das lendas que circulavam na Ordem que ele fundou; aceitando-as sem crítica à medida que circulavam de boca em boca e ganhavam autoridade com a repetição frequente.

Pelo que pude ver, pelo que pude aprender sobre o assunto e pelo que vi das pessoas envolvidas, MacGregor Mathers possuía uma ampla gama de conhecimentos raros, mas não muito precisos ou profundos, nos quais estudiosos profissionais foram capazes de detectar falhas; mas nele estavam as raízes da questão, pois ele via o significado místico e filosófico por trás do que havia colhido nos estranhos campos da Alquimia, da Qabalah e da Egiptologia. A ele veio, pela curiosa concatenação de forças invisíveis que se chamam acaso, os famosos MSS cifrados, e neles encontrou as fórmulas que formavam a base de seus rituais. Elas lhe deram as chaves da estranha massa de loucas ferragens metafísicas que ele já havia descoberto ser uma fechadura. Mathers inseriu a chave psíquica na fechadura metafísica, e eis! ele girou e a porta da consciência supernormal abriu-se toda.

Quanto das cerimônias aparecem literalmente nos MSS cifrados, e quanto foi elaborado por Mathers a partir de seu conhecimento com a ajuda das chaves com as quais os MSS lhe forneceram, eu não sei; mas estou plenamente satisfeita, por minha experiência com eles, que o sistema que ele desenvolveu continha fatores bastante fora do comum, que não eram frutos de pura erudição, por mais recôndita que fosse. Se MacGregor Mathers foi o único autor original desse sistema, então foi um dos maiores homens do mundo; mas pelo que vi de sua Ordem, não acho que tenha sido.

O efeito das cerimônias e métodos ensinados por MacGregor Mathers foi o de produzir as mais notáveis experiências psíquicas e extensões de consciência naqueles que tinham alguma capacidade psíquica; os métodos e objetivos desses processos foram ensinados de forma inteligente nos graus superiores em certas seções desta Ordem; e era possível para aqueles assim instruídos produzir os resultados à vontade, e o efeito de experiências repetidas era cumulativo. Eles obtiveram, de fato, por métodos psíquicos, os mesmos resultados que outras pessoas alcançaram pelo uso de drogas como haxixe e mescal, e sem os efeitos posteriores desastrosos que resultam de 'afrouxar as vigas da mente' por meios físicos.

À luz da experiência assim adquirida, os antigos Mistérios tornaram-se compreensíveis e as possibilidades de trabalho psíquico assim desdobradas eram simplesmente ilimitadas. Os alunos individuais variavam enormemente em sua capacidade de empregar os meios colocados à sua disposição; alguns eram meramente fúteis; alguns eram estudiosos áridos como pó, morrendo de medo de obter quaisquer resultados práticos a partir das fórmulas, e alguns se tornaram adeptos genuínos com respectivos sinais. Entre estes últimos estava Aleister Crowley, que escreveu sobre o ocultismo sob seu próprio nome e vários pseudônimos, entre os quais: o Mestre Therion, Frater P, Perdurabo e um sortimento variado.

Cerca de dez anos antes de eu entrar em contato com a organização de Mathers, houve guerras e rumores de guerras. A verdade sobre o assunto é difícil de ser descoberta, mas quando ambos os lados afirmam ser anjos enfrentando demônios, é provavelmente o caso de seis de um e meia dúzia do outro. De qualquer forma, como resultado da briga, Crowley publicou a maior parte dos segredos de MacGregor Mathers em sua revista, *The Equinox*, e Mathers amaldiçoou Crowley com sino, livro e vela.

A Ordem sofreu gravemente durante a Primeira Guerra Mundial e o próprio Mathers morreu de influenza em Paris durante a epidemia. Quando entrei em contato com sua organização, ela era administrada principalmente por viúvas e anciões de barba grisalha, e não parecia ser um campo muito promissor de empreendimentos ocultistas.

Mas eu tinha uma experiência considerável de ocultismo prático antes de conhecê-la e imediatamente reconheci um poder de um grau e tipo que nunca havia conhecido antes e não tinha a menor dúvida de que estava na trilha da tradição genuína, apesar de sua inadequada exposição. Por alguma razão mais conhecida por eles mesmos, as elucidações e interpretações haviam sido retiradas para a parte mais interna das Internas pelos chefes secretos, que simplesmente se sentavam sobre elas como galinhas chocando ovos de porcelana. A organização havia se dividido em uma série de *disjecta membra*, e todos se olhavam entre si, suspeitando de não pertencerem à verdadeira ortodoxia.

Eu, de minha parte, não participei das mesquinharias humanas do plano mundano, mas trabalhei no sistema, e o sistema rendeu frutos. Outras pessoas, creio eu, devem ter feito o mesmo, entre elas, o senhor Regardie. De qualquer forma, em seus dois livros, *O Jardim das Romãs* e *A Árvore da Vida*, ele ensina o sistema da Aurora

Dourada como eu o aprendi nos vários ramos da Ordem dos quais tenho sido membro.

O Sr. Regardie reconhece sua dívida para com MacGregor Mathers e Wynn Westcott, mas ele apenas cita suas obras publicadas. Ele cita Crowley tão extensivamente, especialmente de seu trabalho de quatro volumes, *Magick*, no qual está reimpresso os melhores artigos da *Equinox* e algum material adicional, e seu ponto de vista expressa tão exatamente os melhores aspectos dos ensinamentos de Crowley que concluo que a Ordem de Crowley, a A.A., não a A.D. de Mather, é sua fonte. A A.A., contudo, extraiu seu sistema mágico da G.D., portanto, para todos os efeitos práticos, Regardie está usando o sistema de Mathers, assim como eu mesma.

Os dois livros de Regardie recomendo sem hesitação; *A Árvore da Vida* em particular é uma obra magnífica, na minha opinião o melhor livro sobre magia que já foi publicado. *Magick*, de Crowley, do qual Regardie faz muito uso e com o qual reconhece sua dívida, também é muito valioso para o estudante, mas apenas o estudante avançado poderia usá-lo com proveito. Ele é muito desigual em sua qualidade literária; contém muita grosseria e obscenidade, como todos os escritos de Crowley, e boa parte é deliberadamente obscura e alusiva. As fórmulas, também, nas quais trabalha, seriam consideradas avessas e más pelos ocultistas acostumados à tradição Qabalística, pois ele usa 11 em vez de 10 como base de suas baterias de batidas nas cerimônias mágicas, e 11 é o número das Qliphoth, ou Sephiroth do Mal; uma bateria de 11, portanto, é uma invocação das Qliphoth. Nenhuma sugestão é dada sobre isso no texto, e é uma armadilha feia para o aluno incauto.

Crowley também dá o Norte como o ponto sagrado para o qual o operador se volta para invocar, em vez do Leste, 'de onde surge a luz', como é a prática clássica. Agora, o norte é chamado de 'o lugar de maior escuridão simbólica' e é apenas o ponto sagrado de uma seita, os Yezidis, ou adoradores do diabo. É óbvio, portanto, que o aluno que se apressa o suficiente para experimentar uma bateria de

11 batidas e uma invocação ao norte, não entrará em contato com o que a maioria das pessoas consideraria forças desejáveis.

Crowley, no entanto, tem uma visão notável da filosofia do ocultismo, e quando ele a expõe, é um escritor muito esclarecedor; e eu, por exemplo, não gostaria de minimizar minha dívida para com seus escritos; seus métodos práticos, no entanto, são outra questão e, em minha opinião, são perigosos demais para se tocar em qualquer forma ou modo.

Se li os sinais corretamente, MacGregor Mathers, Crowley, Regardie e eu estamos todos trabalhando sobre a mesma fórmula, a fórmula contida nos misteriosos MSS cifrados descobertos por Mathers; Regardie puxa de Mathers via Crowley; eu imagino, no entanto, que ele está ciente das alterações nas fórmulas que Crowley introduziu, pois elas não aparecem em seus livros, e as fórmulas que ele dá são as que me são familiares nos trabalhos da Golden Dawn. Estas descobri serem sólidas e eficazes; considero a versão de Crowley delas avessa e destrutiva, embora não possa falar por experiência pessoal sobre o assunto, visto que nunca empreguei seu método. Conversei com várias pessoas que o fizeram, e parece que não há divergências sobre esta questão depois de decorrido um tempo suficiente para permitir que os resultados finais sejam vistos.

Mas embora eu me dissocie inteiramente dos métodos de Crowley, não gostaria de minimizar sua contribuição para a literatura ocultista, que é do mais alto valor. Com seus livros, o estudante avançado, que sabe ler nas entrelinhas e refinar o ouro a partir da escória, pode aprender imensamente, e se nosso interesse se limitar aos escritos de um autor, não precisamos nos preocupar com seu caráter pessoal ou vida privada.

Um dos problemas mais difíceis no ocultismo hoje diz respeito à questão da autoridade. O que constitui uma iniciação genuína? Em que consiste uma Ordem ocultista genuína? Quem são e onde estão os Mestres? Precisamos responder a todas essas perguntas de forma inequívoca e definir padrões de julgamento antes de colocar um pé antes do outro no Caminho. Não pretendo, nestas páginas, discutir essas questões em detalhes, pois já o fiz em outro lugar, mas farei uma tentativa definitiva de definir um padrão de julgamento em questões ocultistas que possibilite a formação de uma opinião em casos específicos.

A autoridade envolta em mistério é uma coisa singularmente sujeita a abusos e é muito difícil ver como, na ausência de perseguição, pode ter justificativa. Quando o ocultismo tinha que ser praticado com risco à vida e à liberdade, era uma questão diferente; mas por que em nome do bom senso qualquer organização ocultista deveria se enterrar no subsolo nos dias de hoje? Os indivíduos podem achar sábio ocultar seu interesse por razões profissionais ou sociais, mas é difícil ver por que qualquer um que ensine o ocultismo de modo professo deva fazer segredo de seus feitos, exceto pelo motivo de que a natureza humana ama um mistério e um mínimo de teatralidade aumenta seu prestígio. Mas o iniciador dedicado, e nenhum outro é digno de consideração, vê a ciência esotérica como uma filosofia e uma religião, e não tem uso algum para tais banalidades, deixando-as para o charlatão, que encontra na fabricação de mistérios uma forma eficaz de publicidade.

Podemos pegar uma esponja, então, e limpar da lousa qualquer indivíduo ou organização que não pode ou não quer colocar as cartas na mesa e revelar seus antecedentes.

É uma coisa lamentável que o gosto popular tenha se alimentado de maravilhas ocultas a tal ponto que a comida saudável dos fatos reais tenha se tornado repugnante. A menos que a ancestralidade espiritual de uma ordem ou iniciador seja remota no tempo e no espaço, não há prestígio. O charlatão aproveita-se disso e realiza a colheita de reivindicações que é tão impossível para nós examinarmos quanto para ele comprovar. Seja o que for no Oriente, as linhas de contato no plano físico no Ocidente foram tão completamente rompidas e destruídas com o tempo histórico que precisam ser remontadas como uma cerâmica antiga. A experiência prova, entretanto, que quando uma certa quantidade de remendos foi feita e o padrão aparece, é possível para o psíquico captar os contatos do plano interno e refazer a ligação. É isso que de fato é feito nos Mistérios modernos.

Porque um iniciador ou uma organização afirma ser descendente da Fraternidade do Himalaia ou dos Rosacruzes, ou qualquer outra das tão propagandeadas Ordens secretas, não se segue que essa descendência seja por uma linha ininterrupta de tradição no plano físico; nem segue, mesmo se não houver tal linha de descendência, que a afirmação é inválida. É possível para um ocultista com certo grau de desenvolvimento captar os contatos psíquicos dessas grandes organizações do plano interno e trabalhar sob sua influência. Quando isso ocorre, coisas muito curiosas acontecem no plano físico, e o trabalhador descobre que está constantemente recolhendo os fragmentos quebrados da tradição à qual se dedica.

Pela minha própria experiência, posso ver, olhando para trás, que por pelo menos três anos antes de entrar em contato com ela no plano físico, eu estava trabalhando nos contatos da Ordem na qual fui finalmente recebida. Também captei esses contatos em diferentes pontos nas duas ocasiões em que foram totalmente rompidos no plano físico. Parece que se está correndo sobre trilhos invisíveis assim que se capta os contatos de uma das grandes Fraternidades. Há um grande corpo de testemunhos desse fato.

Uma Ordem oculta pode ser comparada a um iceberg do qual um sétimo flutua acima da superfície da água e o resto está submerso. Seis sétimos do trabalho ocultista são realizados nos planos internos e, destes, cinco sextos consistem de experiências subjetivas. O vital então, para qualquer estudante ou iniciador, é ter os contatos do plano interno de uma Ordem válida; com isso, o aspecto externo começará a se cristalizar em torno dele, da mesma forma que a pérola é depositada camada por camada ao redor do grão de areia na concha da ostra.

Mas embora o contato do plano interno seja o núcleo vital, qualquer estudante ou iniciador estaria em uma situação ruim se não tivesse um corpo de conhecimento mundano ao qual recorrer. Os sistemas ocultistas são intricados e detalhados demais para o discernimento psíquico dele, não sendo uma questão prática.

Existe um grande corpo de tradição, embora disperso e oculto, e o estudante em quem o olho interior está aberto pode penetrar seu significado ao estudá-lo. Se pretende ser iniciador e treinar alunos, é necessário que codifique esse conhecimento e reduza-o a um sistema inteligível; o valor de uma escola de ocultismo depende em grande medida da maneira pela qual esse trabalho puramente mundano foi feito. A Sabedoria Antiga deve ser correlacionada com o pensamento moderno para que seu significado seja disponibilizado ao aluno.

Uma escola de ocultismo, então, precisa conter psíquicos que tenham contatos vivos e estudiosos que tenham o conhecimento relevante. Dadas essas duas coisas, as cartas constitutivas antigas têm pouco significado; pois a menos que os contatos vivos estejam lá, e a menos que o sistema tenha sido mantido atualizado geração após geração, as cartas constitutivas podem ser nada mais que lápides marcando o cemitério de uma fé morta.

As organizações místicas não são coisas de vida longa; raramente sobrevivem à geração que teve contato pessoal com o fundador. Assim que o impulso original perde o ímpeto, a senilidade se instala e elas precisam renascer em meio a estertores indescritíveis. Garrafas velhas raramente conterão vinho novo, e a reforma geralmente ocorre por cisma, em vez de expansão e reafirmação.

Se buscarmos as raízes da experiência espiritual viva, não seremos sábios em procurá-las segundo as linhas de tradições organizadas do plano físico. O vento sopra onde quer, não onde recebe carta constitutiva por uma autoridade estabelecida. A verdadeira linha de contato é pessoal e funciona de uma forma muito peculiar, mas muito definida. O fio de ligação é o mais fino, mas mesmo assim está lá. É como o grão de levedura que foi misturado a sete medidas de farinha - minúsculo, indispensável e eficaz. Esta ligação indispensável do plano físico parece consistir em um encontro pessoal entre o buscador e alguém que possui os contatos do plano interno. Em todos os registros da fundação de uma Ordem, lemos sobre um encontro entre seu fundador e um mestre iluminado que lhe dá seus contatos em virtude de seu magnetismo pessoal.

Abraão, o pai do Israel espiritual, encontrou aquela figura misteriosa, Melquisedeque, que veio a ele trazendo pão e vinho para a primeira Eucaristia. Jesus, na véspera de Seu ministério, procurou João Batista, o último dos profetas de Israel. Christian Rosencreutz viajou para Damcar, ou Damasco, em busca de um iniciador. Abramelin encontrou o instrutor prometido entre os eremitas do deserto egípcio. Rudolph Steiner conheceu seu professor na Floresta Negra. Madame Blavatsky conheceu um certo adepto indiano em Kensington Gardens durante as celebrações do Jubileu. MacGregor Mathers encontrou os misteriosos manuscritos cifrados e comunicou-se com um endereço neles contido.

Mas que fique bem claro que o contato pessoal com um adepto iniciado, embora seja o momento decisivo de cada carreira, não era mais do que uma pista que precisava ser desvendada. Madame Blavatsky teve que escrever seus livros e construir sua organização. MacGregor Mathers usou sua erudição única para dar corpo e forma visíveis ao sistema do qual recebeu não mais do que as chaves. Em cada caso, a grandeza do trabalho realizado dependia do calibre do trabalhador. Deve ter havido muitos que contataram os professores desses grandes pioneiros e sem dúvida receberam a iluminação de acordo com sua capacidade, mas que não construíram organização alguma e não deixaram qualquer marca no mundo.

Note-se também que cada um dos sistemas assim fundados havia incluído em sua estrutura as fraquezas inerentes de seus fundadores, e essas fraquezas formaram as linhas de fissura ao longo das quais eles finalmente se desintegraram. Madame Blavatsky tinha muito pouco discernimento no que se referia ao caráter humano e, embora sua devoção a seus ideais fosse inquestionável, ela era singularmente insensata em suas diretrizes e inescrupulosa em seus métodos. O movimento 'De volta a Blavatsky', em sua condenação da Teosofia moderna, faria bem em lembrar que as ervas daninhas nas quais estão passando a foice são apenas o crescimento total da semente que ela plantou em sua falta de sabedoria e de princípios. MacGregor Mathers também, que não tinha outra fonte de renda além de sua escola esotérica, enfraqueceu-a constantemente e finalmente a dividiu por sua desconfiança e exclusividade.

A partir desses fatos observados, aprendemos várias coisas que são importantes para formar nosso padrão de julgamento. Aprendemos, em primeiro lugar, que a tradição física, salvo na medida em que consiste na palavra escrita que pode ser estudada, não é de suprema importância, porque o valor real de uma longa linha de linhagem espiritual está na mente coletiva nos planos internos, e ela pode ser captada por contato psíquico, mesmo por aqueles que não são os herdeiros da linhagem mundana de herança. Além disso, os herdeiros legais podem, lamentavelmente, falhar em manter os canais abertos e, portanto, serem cegos liderando outros cegos. Função, não carta constitutiva, por si só dá o direito de trabalhar os Mistérios.

Em segundo lugar, aprendemos que não é suficiente clamar Senhor, Senhor, alto e persistentemente; deve haver um equipamento adequado de erudição e organização no plano físico para permitir que as forças espirituais encontrem um canal. Diz-se de modo verdadeiro que o poder de persistência de uma Fé depende inteiramente de sua literatura. Todas as grandes religiões têm como núcleo um livro, uma Bíblia, um Corão ou os Upanishads. Qualquer professor espiritual que se apoia no ensinamento oral não deixa registro permanente algum atrás de si. Deve haver um livro, e um livro místico ou sagrado, que fale, não à razão e à inteligência, mas à intuição e à fé. As declarações específicas da literatura Neoteosófica da escola de Besant-Leadbeater, que tentam iluminar e convencer a mente consciente, não são o centro em torno do qual o movimento fundado por Madame Blavatsky está reunindo suas forças despedaçadas; é *A Doutrina Secreta*, que é o livro sagrado que manterá o movimento unido muito depois de *As Vidas de Alcione* ter sido misericordiosamente esquecido.

Deve haver um livro, escrito sob a influência de uma poderosa inspiração espiritual, que constitua o núcleo permanente de qualquer movimento que queira sobreviver ao seu fundador. Tal livro exalta a consciência de quem o lê e o põe em contato psíquico com as fontes de onde veio a inspiração; eles são então capazes de trabalhar de forma independente. As pessoas nunca ficam satisfeitas em serem alimentadas com colher indefinidamente, e a menos que um sistema seja capaz de lhes dar esses contatos vivos, deixará de reter qualquer pessoa, exceto as almas jovens, e delas o movimento não pode se construir.

Será interessante ver se a massa dos escritos de Rudolph Steiner fornecerá tal livro para seus alunos. Estou inclinada a duvidar que sejam exatamente desse calibre. MacGregor Mathers deixou atrás de si os esplêndidos rituais de sua *Golden Dawn*, e estes, com sua massa de simbolismo e eficácia mágica, formam uma mina inesgotável de inspiração para os iniciados de sua tradição, que em consequência reacende seu fogo sempre que há olhos para ver.

Temos um núcleo inspirador na *Doutrina Cósmica*. Também nos conectamos com os contatos da Golden Dawn. Nosso empenho, desde o início, foi tornar nosso sistema auto-atuante e independente do ensino pessoal. No momento presente, é um pouco como uma estrada arterial em construção - há longos trechos de estrada larga e há gargalos e pontes estreitas onde estão a decorrer trabalhos de construção. Acreditamos, porém, que temos o núcleo necessário de permanência em nosso sistema, e que ele sobreviverá à geração que viu seu início, e permitirá a expansão necessária para adaptá-lo às necessidades das gerações futuras, pois depende de método em vez de na doutrina.

# Elementos Subversivos no Movimento Ocultista

O movimento ocultista sempre foi objeto de suspeita para os poderes constituídos, e não sem razão, pois o sigilo em que tenta se ocultar naturalmente atrai mais atenção do que evita; além disso, esse mesmo sistema de sigilo pode ser convenientemente usado como um manto para outras coisas além do ocultismo, e assim foi usado em muitas ocasiões no passado. O ocultista, portanto, não pode razoavelmente ressentir-se da suspeita que despertou, mas deve se esforçar, por todos os meios à sua disposição, para esclarecer a situação, dar provas de sua *bona fides*, e assim, conduzir seus negócios de forma que não deem cobertura aos malfeitores.

As influências em ação no mundo de hoje se estendem sob dois estandartes, como sempre fizeram. A escolha de um estandarte é uma questão de temperamento; diz-se com verdade que todo mundo é um Radical em sua juventude e um Inflexível em sua velhice. Sempre descobriremos que os tímidos e aqueles a quem o deus deste mundo abençoou estão do lado do conservadorismo, ou da manutenção do estado atual das coisas. Veremos também que os espíritos mais ousados, e aqueles os quais o sistema social prevalecente oprime, desejam trazer mudanças à ordem das coisas, e às vezes mudanças radicais. Em ambos os campos encontraremos homens moderados e extremistas; também se trata de uma questão de temperamento.

Esses dois tipos contrastantes de temperamento têm dificuldade em compreender o ponto de vista um do outro, e os exemplos mais extremos geralmente carecem de imaginação para serem capazes de conceber que pode haver um ponto de vista razoável diferente do seu; consequentemente, as relações tendem a se tornar amargas, e cada parte dota a outra de vícios que não possui, ou é dirigida por apenas uma pequena minoria não representativa. O interesse próprio também agrava a situação, pois quaisquer ganhos de uma parte só podem ser às custas das perdas para a outra. Os dois campos tendem a se tornar campos armados, com uma guerrilha perpétua acontecendo entre eles que ocasionalmente se transforma em uma campanha em grande escala.

Dentro de certos limites, ambos os aspectos são essenciais para o bem-estar do corpo político; a experiência o provou tão claramente que uma Oposição bem organizada é considerada essencial para a transação dos negócios nacionais.

Mas embora a polaridade normal de pontos de vista seja um freio saudável aos extremos de qualquer tipo, e um desenvolvimento normal e inevitável neste universo que se manifesta através de pares de opostos, podem ser encontrados em ambos os campos pontos de vista extremos que ultrapassam todos os limites do equilíbrio, e, para usar novamente a linguagem dos Qabalistas, são Qliphóthicos, porque tendem para o Caos. O Inflexível manteria os interesses adquiridos em sua mão morta, independentemente das mudanças nas condições ou do bem-estar do mundo como um todo; e o anarquista, em seu desgosto com as condições existentes, as destruiria desde os alicerces para cima, derrubando assim a casa da vida sobre sua própria cabeça e deixando-se sem abrigo enquanto a reconstrução está em andamento. Homens razoáveis de ambas as partes tratam seus próprios extremistas com desconfiança e são capazes de mostrar simpatia e respeito a seus oponentes.

Como já observamos, a escolha de um partido geralmente é ditada pelo temperamento e não pela convicção intelectual. Aqueles que se encontram no partido da mudança são geralmente de temperamento mais imaginativo e impressionável do que aqueles que encontram seu lar espiritual no conservadorismo, usando a palavra em seu sentido do dicionário, não no sentido político. É o mesmo tipo de pessoa que tem ouvidos abertos para todas as coisas novas em qualquer departamento das atividades do mundo; ele geralmente não é convencional no vestuário e na dieta; usa o cabelo comprido quando outras pessoas o usam curto, como nos tempos modernos; e curto quando outras pessoas o usavam longo, como entre os Cabeças

Redondas; e reage violentamente aos seus próprios complexos em geral, não apenas nas coisas de sua convicção especial, mas em todo o seu modo de vida, seja nos usos sociais mesquinhos ou nas coisas mais profundas e fundamentais do espírito.

Sendo o ocultismo, mais do que a maioria das coisas, um ponto de vista não convencional, encontramos entre seus adeptos uma alta porcentagem de pessoas de mentalidade liberal e comparativamente poucos daqueles com uma perspectiva conservadora ou convencional. Não devemos, entretanto, cometer a falácia lógica de confundir *post hoc* com *propter hoc*. As pessoas não se tornam radicais em seus pontos de vista por causa de quaisquer doutrinas ensinadas sob o véu do sigilo em lojas ocultistas, mas se tornam ocultistas porque têm a mente aberta e o tipo aventureiro.

Além disso, há um certo tipo de reformador mais filosófico que, ao buscar uma explicação que o encaminhe para as raízes do descontentamento social, descobre que os ensinamentos esotéricos fornecem essa explicação, especialmente em suas doutrinas sobre mentes coletivas, influências sutis e ciclos evolutivos. Esse reformador social estuda o ocultismo, não com o propósito de aplicar magia ritualística a seus inimigos, como supõe a imaginação popular, mas para compreender as causas de raiz.

É raro encontrar o fanático de qualquer uma das partes nos círculos ocultistas, ou, por falar nisso, em quaisquer círculos que não concordem inteiramente com ele; ele tem uma mente tão unilateral e está tão concentrado em sua predisposição especial que não está interessado em mais nada e não tem tempo a perder com isso.

Será possível ver, então, que embora as pessoas com pontos de vista avançados e não convencionais inquestionavelmente sejam predominantes nos círculos ocultistas, assim acontece incidentalmente e por temperamento, e não porque as doutrinas ocultistas estejam imediatamente preocupadas com a política.

# Ocultismo e o Submundo

À parte do que pode ser denominado como puramente acidental na associação genuína e sincera do ocultismo com pessoas e ideias subversivas, dependendo esta do fato de que o mesmo tipo de temperamento leva a ambas as linhas de interesse, não se pode negar que, inextricavelmente misturado ao movimento ocultista há uma perigosa linha subterrânea de atividade subversiva, e as autoridades fazem bem em vigiá-la. O sigilo peculiar, e bastante desnecessário, observado pelos ocultistas torna o movimento ocultista um manto muito conveniente para várias atividades que não suportam inspeção.

A Scotland Yard está bem ciente desse fato e, por isso, mantém um olhar atento sobre todas as organizações ocultistas. A natureza semipública e semiprivada de suas atividades as torna singularmente adequadas aos propósitos de pessoas cujas atividades estão sob vigilância em seus locais habituais. Qualquer organização esotérica que seja solicitada a permitir que cartas sejam enviadas aos seus cuidados, ou a receber encomendas de impressoras solicitadas por um carro particular ou mesmo a permitir que seu telefone seja usado por estranhos, deve ficar em guarda. É segredo público que as cartas dos suspeitos são examinadas e as suas chamadas telefónicas são ouvidas; consequentemente, é de grande importância para essas pessoas encontrar lugares insuspeitados onde possam receber comunicações. Raramente pode haver uma boa razão para que as cartas não sejam enviadas para um endereço de acomodação, e organizações esotéricas que são complacentes neste assunto criam dificuldades para todo o movimento.

É uma coisa muito lamentável que a Sociedade Teosófica tenha se tornado tão intimamente associada às atividades políticas indianas, embora, sendo justa, deva ser dito que provavelmente não houve reação sobre a que extremos essas atividades acabariam levando. Consequentemente, muitas pessoas consideram todos os movimentos ocultistas marcados pelo mesmo pincel e temem se envolverem em todo tipo de complicações caso se associem a eles e, portanto, limitam seus estudos à teoria da ciência esotérica e não encontram oportunidade de vivência de sua prática.

As organizações de inclinação fascista da Grã-Bretanha parecem levar muito a sério a ameaça do ocultismo subversivo e considerar que uma sociedade ocultista é, *ipso facto*, subversiva e, como tal, deve ser espionada. Nenhuma pessoa razoável deve se opor a ser inspecionada pelos representantes autorizados da lei e da ordem, porque seus próprios interesses são protegidos ao fazê-lo; mas o detetive amador é um incômodo ofensivo e, como tal, deve esperar tão breve atenção quanto o bolchevique.

O papel desempenhado pelo vício em drogas no lado desagradável do ocultismo tem sido muito superestimado. As drogas usadas são do tipo que produzem visões, como anhalonium e haxixe, e não são drogas de vício no Ocidente. Nas quantidades em que são usadas para experimentos ocultistas, é improvável que causem danos permanentes.

As drogas das quais as pessoas se tornam viciadas são aquelas que produzem excitação e imunidade à fadiga, ou aquelas que insensibilizam a consciência e tornam uma vida problemática mais suportável; sob nenhuma dessas categorias pode ser encontrada qualquer das drogas que produzem visões. É improvável que alguém as utilize para induzir visões com frequência suficiente para correr qualquer risco de vício; e em qualquer caso, o anhalonium não é viciante.

O risco a que essas drogas expõem quem as usa é psíquico, não físico; elas podem, se o experimentador não for um ocultista experimentado, meticulosamente competente em selamentos e banimentos, deixar seu usuário aberto à invasão psíquica e até à obsessão, porque abrem as portas do astral para a consciência despreparada, e como todo nadador sabe, uma coisa é nadar para fora e outra é nadar de volta. Não estou preparada para negar que elas tenham um lugar na pesquisa ocultista, mas tal pesquisa só deve ser realizada por aqueles que estão devidamente equipados, tanto em realizações científicas quanto ocultistas, e é em todos os sentidos indesejável quando feita por aqueles que estão apenas procurando uma nova emoção.

Os escritores de ficção fizeram grande estardalhaço da Missa Negra, que consiste em profanar por todos os meios que uma imaginação exagerada possa sugerir, os símbolos sagrados da fé católica. É um procedimento limitado para todos os fins práticos aos católicos romanos, porque, como Eliphas Levi indicou, ninguém pode participar efetivamente de uma Missa Negra se não acreditar fervorosamente em uma Missa Branca. Para o não-conformista, as operações de uma Missa Negra não teriam sentido.

As orgias sexuais têm desempenhado um papel nos Mistérios e, no caso dos povos primitivos, não devemos estar dispostos demais a condenar indiscriminadamente sem considerar o tipo de sociedade em que ocorrem. Os padrões civilizados não podem ser usados para julgar povos primitivos que vivem sob condições e códigos inteiramente diferentes dos nossos. Essas orgias não produzem necessariamente a degeneração que os missionários querem que acreditemos. Elas não são de forma alguma a mesma coisa que a promiscuidade sexual geral, mas são estritamente limitadas a certos períodos. Um povo que vive em condições naturais, no contato mais íntimo com a natureza, e competindo com a planta e o animal pela posse do solo, tem outras necessidades sociais e, consequentemente, outros padrões morais, que uma população altamente organizada e adensada, cujo problema é se alimentar a partir de uma área limitada. Para os primeiros, as orgias que estimulam a fecundidade podem ser tão necessárias e virtuosas quanto as restrições morais de outros tipos de sociedade.

Também não devemos cometer o erro de pensar que porque uma raça tem representações explícitas ou simbólicas dos órgãos de reprodução entre seus símbolos sagrados, ela é necessariamente licenciosa, não mais do que o fato de uma freira ser admitida em uma Ordem religiosa com uma cerimônia de casamento deve nos levar a suspeitar da mesma coisa. A reticência em questões sexuais é uma questão de costumes, não de moral.

Existem verdades nessas coisas que não podemos ignorar, e a civilização é mais pobre e de forma alguma é mais pura ou mais saudável, por ignorá-las. O problema surge, entretanto, quando pessoas que têm inclinações licenciosas as usam como uma justificativa e um manto: parte disso foi feito, especialmente no Continente, em nome do ocultismo. Na maior parte, entretanto, a vida solta nos círculos ocultistas consiste em uma variedade que circula com algum grau de liberdade de "almas gêmeas" e não tem significado mais ocultista do que condições semelhantes nos círculos artísticos. Nenhum uso mágico é feito dos relacionamentos; seu único toque ocultista está em encontra a justificativa pra elas em vidas passadas, o que ninguém, exceto as pessoas envolvidas, leva muito a sério.

Vários ocultistas, em diferentes épocas, tentaram colocar em prática as doutrinas freudianas. Ninguém com qualquer percepção da vida pode negar que há uma grande medida de verdade nessas doutrinas, e que teoricamente pode-se encontrar muita justificativa para as ações de tais iniciadores. As consequências sociais e a tensão e agitação gerais de tais métodos são, entretanto, tão sérias que, seja o que for que se possa pensar deles do ponto de vista da ciência pura, na prática de fato é melhor deixá-los quietos. Por um lado, as forças empregadas saem do controle com extrema facilidade e, quando tais práticas são feitas na formação de grupo, a mente coletiva assume uma atmosfera elemental demais para ser tolerada por pessoas civilizadas. As orgias e a magia sexual rude se foram do nível de consciência em que funcionam as raças civilizadas, da mesma forma que o infanticídio e o descarte dos idosos se foram.

Existem outros métodos melhores de abordar os níveis elementais de consciência do que aqueles que não pertencem ao Caminho da Mão Direita. Por métodos puramente psicológicos, o psicanalista atinge o mesmo resultado; mas é somente quando a experiência do psicanalista está unida ao conhecimento do esotérico que as questões mais profundas e as alturas mais supremas são alcançadas.

Houve uma época em que havia um uso generalizado de vícios anormais para fins mágicos; os fatos são bem conhecidos e deram origem a repetidos escândalos. Não há nada a ser dito para mitigar tais práticas; elas são antinaturais e destrutivas em todos os planos. Há razões para acreditar, entretanto, que esta fase do Ocultismo Negro teve seu apogeu e está morrendo. O expoente principal tornou-se irremediavelmente insano e seu exemplo parece ter ensinado sabedoria aos seus seguidores que não a aprenderam por experiência própria. No entanto, ainda há bastante ensinamento e prática insalubres em certos círculos, o que produzem uma rica safra de psicopatologias. As mentes coletivas tornaram-se maculadas e os indivíduos sensíveis estão sujeitos a experiências muito desagradáveis, a muitos distúrbios psíquicos e até mesmo a doenças de fato por associação com elas. Os líderes desses grupos não estão de forma alguma entregues ao mal, mas têm muito pouca compreensão das forças com as quais entraram em contato. Os repetidos surtos de problemas psíquicos em seu meio eles atribuem ao ataque oculto de fora ou à retaliação das forças do mal contra as quais estão lutando e não percebem que são como pessoas que construíram suas casas nas encostas de um vulcão. Porém, é provável que, com o colapso do líder, a atmosfera gradualmente se dissipará, e tudo o que tem valor será liberado dos muitos elementos infelizes que se reuniram ao seu redor.

# O "Perigo Judeu"

Sempre houve um forte sentimento antissemita entre as nações continentais, embora nestas ilhas seja de um tipo muito modificado. Alguns livros foram publicados recentemente com o objetivo de mostrar que a revolução na Rússia é obra dos judeus, e que a raça judaica, como uma unidade organizada, está empenhada em destruir a civilização. Entre esses livros estão alguns que tentam provar especificamente que o iniciado judeu é uma pessoa particularmente perigosa, e que qualquer movimento ocultista em que uma boa proporção de judeus encontre um lugar deve ser um movimento particularmente perigoso.

A fim de examinar os erros e acertos dessa proposição, devemos primeiro examinar a base sobre a qual ela se apoia. Qual é a causa do antagonismo geral ao judeu? A maioria das pessoas diria que foi porque mataram Nosso Senhor, mas a verdadeira resposta a esta pergunta deve ser encontrada no fato de que há uma porcentagem maior de agudeza e habilidade intelectual, e uma porcentagem menor das virtudes marciais entre os judeus do que entre a maioria das outras raças. Esse fato, combinado com seu orgulho racial e exclusivismo, irrita os gentios; e como o judeu raramente é uma pessoa inclinada à guerra, a irritação pode ser liberada com segurança. Além disso, devido ao seu dom peculiar para as finanças, o judeu é o emprestador de dinheiro universal; e uma maneira muito conveniente de liquidar dívidas inconvenientes é fazer um pogrom ocasional. Ambas as partes possuem pontos fortes e fracos que os tornam temidos e, ainda assim, vítimas um do outro; tal estado de coisas não pode produzir confiança mútua e bons sentimentos.

É perfeitamente verdadeiro que no bolchevismo, e por falar nisso, nos círculos anárquicos em geral, há uma alta porcentagem de judeus. A razão para isso não é difícil de descobrir. O judeu é uma exceção à regra geral de que um idealista jamais é prático. Quando um movimento idealista deseja um organizador eficiente, geralmente falha em encontrá-lo entre os gentios em suas fileiras. Os judeus têm sido a espinha dorsal do movimento bolchevique pela simples razão de que o russo, entregue a si mesmo, não consegue se organizar e é irremediavelmente incapaz de praticidade, portanto, o elemento judeu veio ao fronte. Não se trata de uma peculiaridade do movimento bolchevique. Pyotr, o Grande, ao reformar a administração russa e fundar o Estado nas linhas modernas, achou necessário importar administradores alemães pela simples razão de que então, como agora, os russos não conseguiam organizar ou administrar.

O judeu vai para o fronte nos círculos revolucionários, assim como nos círculos literários e científicos, devido à alta porcentagem de habilidade e poder de motivação encontrada em sua raça. Novamente, *post hoc* não é *propter hoc*.

O judeu é atraído pela Tradição Esotérica Ocidental porque ela se baseia na Qabalah, a sabedoria mística de Israel, e porque seu intelecto é de um tipo que aceita gentilmente a filosofia esotérica. Parece haver uma falta completa do elemento místico no judaísmo hoje, exceto em relação ao nacionalismo judaico. Para mulheres, de fato, esse aspecto fica especialmente marcado, pois elas não têm lugar na religião judaica, exceto como portadoras dos costumes levíticos que se aplicam ao lar. Essa falta parece ser sentida de forma aguda pelo judeu mais pensativo, que sente a necessidade do tipo de misticismo que o cristianismo ensina, mas que não pode aceitar o Cristo. Ele, e principalmente ela, encontra esse misticismo no ocultismo sem nenhum viés religioso exclusivo, e é capaz de adaptá-lo ao que eles honram na tradição de Israel. Consequentemente, há muitos judeus no ocultismo ocidental e, como sempre, eles vêm para o fronte por causa de sua capacidade intelectual e sua força de motivação.

Não pode deixar de ser óbvio para qualquer um que olhe para o assunto à luz da história e da psicologia racial, que a raça judaica, como raça, tem mais a perder do que qualquer outra pela convulsão e desordem social, pois eles são os emprestadores de dinheiro do mundo, e a primeira coisa que qualquer nação faz depois de uma revolução é anular as dívidas, tanto privadas como nacionais. Além disso, a raça judaica não é militar; não que não haja indivíduos lutadores entre os judeus, como mostra a história do pugilismo, mas seus princípios religiosos peculiares aplicados aos costumes sociais tornam um exército muito difícil, senão impossível, de organizar. Certa ocasião, Jerusalém foi assaltada porque os judeus não trabalharam em suas defesas no Sabbath.

Não há dúvida, entretanto, que os homens de raça judaica desempenharam um papel importante na determinação do curso da história, dando ou negando os tendões da guerra aos monarcas e governos belicosos. Não tem sido essa, contudo, uma questão de política nacional organizada, mas de especulação e risco pessoais, pelo menos desde que os governos pararam de forçar o judeu a emprestar dinheiro tendo como garantia seus próprios molares. É digno de nota que o histórico do estadista judeu é singularmente positivo; ele serve à nação que adotou com uma integridade obstinada e habilidade conspícua.

O judeu sempre foi proeminente no ocultismo ocidental; na verdade, ele foi durante séculos o seu único guardião, pois a Igreja reprimiu todas as especulações e experiências nas coisas espirituais com mão firme. A Qabalah tem sido a principal vazão para o judeu de mentalidade espiritual que considera filactérios coisas estéreis; e a Qabalah tem magia cerimonial e um psiquismo altamente técnico como suas aplicações práticas. Em Israel pode ser encontrada a fonte da Tradição Ocidental; na verdade, os ocultistas ocidentais precisam ter um conhecimento prático dos elementos da língua hebraica a fim de desembaraçar o jargão bárbaro do hebraico fajuto, herança de lojas nada estudiosas.

O fanático, que tem firmemente estabelecido em sua cabeça que a raça judaica está empenhada na destruição de toda a ordem social, vê como uma das provas mais claras da culpa do ocultismo de que o elemento judaico e sua influência sejam ali encontrados. Lembremo-los, porém, que o mesmo pode ser dito do cristianismo, que tem suas raízes culturais no judaísmo. Do ponto de vista histórico, Abraão, em vez de Pedro, possui as chaves do céu para o mundo ocidental.

A tradição esotérica não admite exclusivismo; é a própria essência de seu espírito que não blasfema contra Deus algum que tenha sido santificado pela devoção do homem. Ela vê todas as religiões como expressões do espírito do homem, em vez da revelação pessoal de um Deus zeloso ao Seu povo escolhido. Não sofre de temor supersticioso nem de pavor preconceituoso. Quando solicitada a tomar partido em qualquer disputa acrimoniosa a respeito de acertos e erros definitivos, ela diz, "uma praga em ambas as suas casas!" A via de Deus é a via do Relâmpago, ziguezagueando entre os Pilares, e o local de equilíbrio é o ponto central do Pilar Central.

# 11. Glossário Esotérico

O ENSINO DE ASSUNTOS ESOTÉRICOS CONTÉM TANTOS TERMOS VAGAMENTE DEFINIDOS que é aconselhável que aqueles que estudam em nosso grupo saibam mais precisamente o que queremos dizer quando usamos algumas das palavras-chave. De fato, em alguns de nossos artigos anteriores, o significado nem sempre era tão claro quanto poderia ser, pois algum tempo passou (como geralmente acontece) antes que a necessidade dessas definições se tornasse evidente. Não legislamos para outros grupos, mas as definições que damos estão de acordo com os princípios por trás de nosso ensinamento e agora a experiência demonstrou que são confiáveis; não se segue, no entanto, que as *publicações* esotéricas em geral usem os termos exatamente com estes significados e, de fato, a mesma palavra com significados ligeiramente variáveis pode às vezes ser encontrada na mesma publicação, tornando necessário que o leitor sério seja cauteloso para que não saia com uma falsa impressão, se é que os autores sabiam exatamente a impressão que desejavam dar. As palavras que temos em mente são apresentadas a seguir e, em alguns casos, são adicionadas informações sobre os assuntos.

## O Logos

O Logos é usado para significar o Logos Solar, o Deus de nosso Sistema Solar. O Deus do Cosmo descrevemos como O Primeiro Manifesto.

## Os Manus

Os Manus são primariamente líderes "etnológicos" nos Planos Internos das grandes Raças-Raiz. Eles retrataram em si mesmos alguma grande Ideia ou Princípio que estava por trás da missão esotérica de sua Raça-Raiz. Existe mais de um tipo de Manu. O Manu de uma Raça também é o protótipo ou o Homem Ideal de uma Raça e, neste sentido, a partícula "MAN" em certas linguagens pode ser de extrema antiguidade e significado. Os Manus são dos Três Primeiros Enxames - Senhores da Chama, Forma e Mente - mas nem todos esses Senhores são Manus; os Manus são de fato do tipo Arcangélico com um "Ego múltiplo". Esta é a melhor aproximação em palavras desses grandes Seres. Suas formas "personalizadas", no entanto, apareceram sob um "aspecto humanizado".

## Os Mestres

Os Mestres são os seres aperfeiçoados da evolução humana que guiam a humanidade e realizam certas outras obras em vez de "seguir para seu descanso"; são de vários tipos e graus. Eles não se tornam "Senhores da Humanidade" (ver *Doutrina Cósmica*) até que tenham passado além de tudo o que agora se conhece como humanidade - mesmo que nenhum grau seja estabelecido até que se entre no seguinte.

## A Centelha Divina

Pode-se pensar n'A Centelha Divina como o aspecto "externo" do Átomo Cósmico estampado com a Impressão Logoidal. Até que se alcance um alto grau, ela pode ser considerada para todos os fins práticos como sendo o Átomo Cósmico - a parte imortal de cada um de nós, enraizada no Grande Imanifesto, da mesma essência que os Logoi, mas amplamente menor em desenvolvimento, etc.

## A Individualidade, ou Eu Superior

A Individualidade ou Eu Superior é a unidade de uma evolução, consistindo nos corpos dos três planos mais elevados (usando um sistema de sete planos) organizados em torno da Centelha Divina.

## O Eu Inferior, Personalidade, ou Projeção

O Eu Inferior, Personalidade, ou Projeção[1] é a unidade de uma encarnação que consiste nos "corpos" dos quatro planos inferiores (em um sistema de sete planos). Suas experiências são absorvidas em essência após a morte física pelo Eu Superior, mas isso por si só não determina a próxima Projeção, pois o Eu Superior tem fases de desenvolvimento entre as encarnações - baseadas em grande parte em experiências pré-encarnatórias (ou involucionárias) que também influenciam a próxima Projeção.

## A Alma

A Alma é uma das palavras mais frequentemente usadas com diferentes significados. Nós a usamos significando os aspectos internos da Personalidade mais os aspectos externos do Eu Superior. É, de fato, a unidade de evolução até certo ponto (além de Chesed).[2] Os aspectos da Personalidade são (ou deveriam ser) absorvidos em essência pelo Eu Superior na morte e a própria alma condicionada por esse processo para sua próxima encarnação. (É possível realizar uma exposição muito mais ampla sobre o assunto.) Pode-se considerá-la como o veículo do homem que evolui até o Abismo na Árvore da Vida e seu estado na morte e depois tem muito a ver com a próxima Personalidade projetada pelo Eu Superior. Certas "patologias" de natureza esotérica que afetam encarnações futuras

---

[1] A Sociedade da Luz Interior agora usa os termos Personalidade Evolucionária e Personalidade Encarnacionária, respectivamente.
[2] Na Árvore da Vida da Qabalah.

são possíveis a partir de ações e atitudes mentais erradas durante a encarnação e após a morte.

## Raças-Raiz

Raças-Raiz podem ser usadas para a Raça original da qual surgiram as sub-Raças. Frequentemente se refere às sete grandes divisões da Raça Atlante e esses protótipos raciais foram posteriormente desenvolvidos no mundo pós-diluviano nas principais "famílias" raciais conhecidas exotericamente. Como termo, "Raça-Raiz" também pode se referir às quatro divisões de cores da humanidade, e também aos cinco estágios da evolução humana neste globo - isto é, o Hiperbóreo, o Lemuriano, o Atlante, etc. As divisões de cores e estágios da evolução humana também tiveram Manus, pois existem muitos tipos de Manu. A Raça Branca contém não apenas os mais evoluídos - os Arianos - mas também os Semitas que deveriam trazer mais um Ideal para a Raça Branca. Assim, o Manu Melquisedeque preparou o caminho para Jesus, o Cristo, e a ideia de um Messias foi enxertada na Tradição Semítica. (No plano de fundo de tudo isso está uma conexão com o Santo Graal.) Por trás da história secreta de Israel move-se o Sacerdote Arquetípico da Raça-Raiz Semítica-Atlante; e, devido a certos erros atlantes, a seção judaica desta Raça trouxe este Arquétipo para o Ocidente sem eles próprios estarem preparados para usá-lo, salvo alguns pequenos grupos. Esta é a "Maldição dos Judeus" e data de muito antes do nascimento de Jesus, embora se eles o tivessem aceitado, muito teria sido mitigado. Sua teocracia teria se crescido até se tornar um Estado-Mundial, mas eles não permitiram que outros participassem.

Os Manus de certas Raças-Raízes são conhecidos tradicionalmente e enumeramos alguns:

    RAMA era o Manu da Raça Ariana

    MELQUISEDEQUE era o Manu das raças Caldeia e Semita primitiva, além de sua conexão Atlante.

NARADA foi o Manu da Primeira Raça Atlante

ASURAMAYA foi um Manu de uma Raça Lemuriana anterior que se misturou com os primeiros Atlantes, e ele "viveu" em Atlântida nestes primeiros dias. Ele foi o "professor da sabedoria estrelada" para o mundo antediluviano, assim como Melquisedeque o foi para o pós-diluviano, e foi o primeiro astrônomo. Em Atlântida, ele trabalhou com Narada, sob o comando deste. Euclides - que é o Senhor de um dos aspectos de Sabedoria da Tradição Ocidental (ver "Ordens Esotéricas") não foi apenas um grande professor humano, mas também teve nos Planos Internos um aspecto manifestando um "raio" direto de Asuramaya (algo análogo, mas menor em grau e origem, à manifestação de Cristo pelo Senhor Jesus), que foi mais do que um "ato de ensombrar". Este assunto é complexo demais para que façamos mais referências aqui.

Os Semitas deveriam ser "Sacerdotes do Altíssimo", mas apenas uma pequena seção em uma evolução posterior atingiu esse objeto de modo menor. Os Arianos eram Magi e Colonizadores.

## Os Arquétipos

Os Arquétipos são padrões ou modelos originais de uma Ideia Divina. Esses padrões arquetípicos se manifestam de várias maneiras:

(1) Através dos Instrutores Divinos ou sobre-humanos de certas raças ou nações cujas vidas são a base dos rituais dramatizados e das iniciações dos vários Mistérios.

(2) Por meio de formas não-humanas pertencentes a tipos de desenvolvimento pré-terrestres e pré-humanos, como

(a) Os Signos do Zodíaco (em sua forma real, não antropomorfizada)

(b) símbolos macrocósmicos relacionados ao microcosmo e baseados nas Forças Essenciais do Universo, como ideogramas geométricos e fálicos de importância primária. Eles passaram para a mente humana e emergem no simbolismo dos sonhos, mas são mais antigos do que a mente humana.

Os nomes tradicionais de grandes figuras arquetípicas são frequentemente memórias raciais de (1), ou seja, dos Instrutores - e pertencem às diferentes fases de evolução percorridas por seus grupos; eles se originaram com algum professor obscuro que em tempos antigos guiou algum grupo particular. Não devem ser confundidos com a força arquetípica de um Manu que trabalhou sobre a "família" coletiva principal de toda a raça da qual o grupo fazia parte. Por exemplo, Rama foi o grande Líder da Raça Ariana, mas Orfeu, Osíris, Ísis, Odin, Merlim, etc., foram Instrutores de certos grupos Arianos e as memórias ancestrais deles passaram para alguns dos deuses e heróis desses grupos. Pois, embora alguns dos deuses sejam "forças naturais", outros são memórias de professores pré-históricos.

## Anjos Raciais

Os Anjos Raciais são seres elevados da Hierarquia Arcangélica ou Angélica, nomeados desde o início do mundo como guardiões de certos grupos; eles podem ser descritos como "princípios personalizados do Fogo Arquetípico" que trabalharam primeiro com os Manus e, em seguida, na retirada destes, continuaram em contato com o mundo como guardiões desses princípios e das forças que cercam seu "aterramento" (ou estabelecimento em Malkuth). A frase bíblica "o Príncipe dos Poderes da Pérsia" se refere a tal ser, um grande Anjo Racial de um período anterior. Os Anjos Raciais guiam as raças para o território onde elas criarão raízes e enquanto uma nação permanecer forte o suficiente (em muitos sentidos da palavra) o Anjo é como seu Eu Superior, por assim dizer. Quando aquela nação decai a tal ponto que o contato real com o Anjo não é possível, o Anjo se retira para uma nação mais capaz de expressar o Princípio interno que ele representa. Tais Anjos irão incorporar em seu "reino" seres tribais menores de outras nações que se tornam profundamente integrados - por conquista ou de outra maneira - com o território original. O assunto é muito complexo, mas seu estudo compensa; a conquista no plano físico nem sempre triunfa sobre uma nação.

## Anima e Animus

Esses termos psicológicos são bem definidos nos livros didáticos e deve-se fazer referência a tais livros - tal referência é especialmente necessária para expressões psicológicas, muitas das quais já são usadas ampla e incorretamente. Tudo o que precisa ser dito aqui é que Jung deve ser lido com grande atenção, uma vez que é provável que ele soubesse mais do que se importou em explicar claramente. Quando a integração com o Eu Superior se aproxima, é possível que "anima" ou "animus" dê lugar a figuras ideais do mesmo sexo que a Personalidade e tais figuras podem até mesmo ser prenunciadas em um estágio muito anterior em pessoas sensíveis nos estados emocionais mais elevados.

## A Sombra - O Habitante do Limiar

A "Sombra" da psicologia Junguiana não deve ser confundida com o "Habitante do Limiar". A Sombra representa o material subconsciente da encarnação presente, de apenas uma vida, embora, naturalmente, seja afetada por vidas anteriores. O "Enfrentamento da Sombra" implica a compreensão da realidade da mente subconsciente e a aceitação de material muitas vezes em desacordo com o da mente consciente. Ocorre, portanto, em um estágio relativamente inicial do processo de integração - correspondendo na Árvore da Vida ao Caminho 32 (o Poço) e a Yesod.

O "Habitante do Limiar", conforme usado em nossa terminologia, representa o passado *inteiro* do indivíduo, tudo o que aconteceu para torná-lo o que ele é. É, portanto, o agregado de todas as suas

"Sombras". O "Enfrentamento do Habitante do Limiar" é o confronto com o passado inteiro e exige a plena aceitação desse passado e de tudo o que aconteceu para fazer do indivíduo o que ele é agora. Esse momento ocorre em um estágio posterior do processo de integração. Na Árvore da Vida, corresponderia a uma iniciação Chesédica cujas realizações são completadas em Da'ath, onde "Passado se torna Presente". A implicação total do "Habitante do Limiar" provavelmente não é explicitamente estabelecida em escritos psicológicos. Deve-se notar que a integração aqui mencionada não é aquela menor (por assim dizer) de Tiphareth, mas uma muito mais completa que não recebe tratamento completo em material publicado algum, até onde sabemos.

O "Habitante do Limiar" pode ser visto em uma visão por aqueles que têm tais experiências e não deve ser confundido com uma figura angelical ou Elemental do tipo usual. É uma manifestação da dívida agregada de forma personalizada ou pode surgir da tomada de consciência dessa dívida, variando as formas de acordo com a natureza da dívida. Esta "Visão" ou "tomada de consciência" deve ser encontrada antes que a integração realmente profunda e um progresso espiritual mais avançado possam ser realizados. É possível que ele absorva o lado não-regenerado da Personalidade (a imagem ou aspecto "renegado"), e algo próximo a esse ensinamento moderno foi retratado pelos egípcios em sua figura de "O Comedor de Corações". Por mais terrível que seja confrontar o Habitante do Limiar, ele ainda é apenas um aspecto "adverso" do Eu Superior ("potencialmente" ou "não absorvido") e pode ter algo Divino em sua aparência, pois está ligado ao sofrimento do Eu Superior que se torna pecado para redimir suas projeções - uma consideração que merece meditação profunda. Em suma, o Habitante do Limiar é o somatório das vidas passadas do indivíduo, seu próprio caráter adverso surgindo dele e tomando uma vida aparentemente independente.

## Os Mestres
(aprofundamento de referência anterior)

Assim como em certos períodos, o trabalho esotérico e a posição dos indivíduos em encarnação são avaliados, o trabalho da Hierarquia é avaliado em sua relação com o Todo Maior. Deve ser claramente entendido que um Mestre é aquele cuja função se relaciona com a evolução Logoidal Solar e deve-se perceber os Mestres pelo que são, assim como compreender seu tipo de poder funcional. A fim de funcionar plenamente na evolução Logoidal Solar, muito crescimento Cósmico deve ser feito - as "Iniciações Estelares" em todas as suas gradações devem ser completadas.

## Símbolos Raciais - Animal

A Alma-Raça exala uma "influência" baseada em um aspecto de seu caráter e essa "influência" pode assumir uma forma etérica; é uma espécie de "totem". À medida que a Raça se desenvolve, ela se torna um de seus símbolos especiais. O símbolo da Bretanha nesse sentido - originalmente tanto dos Celtas quanto dos Saxões - é um Cavalo Branco. O Leão como símbolo não tem uma origem tão antiga, nem é tão importante, sendo derivação heráldica e Normanda. O Cavalo Branco é um símbolo muito antigo e, se considerado como desenvolvimento dos Eo-Hippos, tem contato com Atlântida. Não há prescrição de qualquer postura especial ("rampante", etc.).

## Formas Arquetípicas e Psicologia
(veja também acima)

É possível, para conveniência de uso, dividir os tipos de Formas Arquetípicas em: (1) Os Arquétipos Macrocósmicos, como os Deuses, que são "personalizações" de grandes forças macrocósmicas; (2) Os Arquétipos Microcósmicos tratados na psicologia moderna, que são personalizações do macrocosmo na alma do homem. Os Arquétipos Microcósmicos - como o Pai, a Mãe, o Mago, a Mulher Sábia, etc. - representam a ligação da alma em desenvolvimento com certas "linhas de força" no macrocosmo, ou, em outras palavras, a condução da humanidade até Deus ou deuses. (Nesta via, por trás dos Mestres está a Força Supernal que pode ser descrita como "O Grande Sacrifício" e que está ligada ao Deus Sacrificado da Árvore da Vida.)

Além dos Arquétipos aqui mencionados, existem o que podem ser chamadas de "formas complementares" de vários aspectos do Microcosmo, como o Anjo, o Daemon, etc., e o tipo angustiante de Corpo Mágico animado com essência Elemental, variadamente chamado de "Habitante do Limiar" e de "Gênio Maléfico". É possível que estes representem grupos ou famílias inteiras, mas uma discussão detalhada deles aqui seria muito longa e difícil para um artigo como este; o termo psicológico "o Aspecto Renegado" ou a psique é aplicável a eles.

## A Imagem Contrassexual

Este é um fenômeno psicológico bem conhecido; quando reconhecido pelo que realmente é, pode ser um elo especial entre a Personalidade e o Eu Superior, sendo um aspecto do Anjo do Pilar oposto ao sexo físico - que é feminino para o Pilar de Prata, masculino para o Pilar Negro (Esses Pilares referem-se ao glifo composto da Árvore da Vida e dos Pilares - um símbolo Qabalístico.)

## Notas sobre o Graal e Simbolismo Relacionado

Os contatos e o poder dos Planos Internos são recebidos no plano físico por meio de um grupo ou por meio de um indivíduo que transmite a um grupo seus próprios contatos feitos em nome deles. O primeiro método foi a base do Graal do Velho Testamento - a Arca, o último foi a base do Graal do Novo Testamento - a Taça ou Cálice. Ambos os receptáculos tornaram-se símbolos, assim como outras formas de tais receptáculos - o Prato, a Tigela, a Pedra. Antes de se tornarem símbolos, *eram fatos*. A Arca na verdade continha uma substância dos Planos Internos que fazia um contato direto entre Deus e o Grupo. Em Atlântida, a Taça ou Tigela era a Tigela da Lua (da *velha* Lua e dos primeiros estágios da humanidade), na qual havia uma substância em *contato verdadeiro* com o Supernal. Essas "substâncias" são Mistérios e, de fato, uma versão do que em tempos muito posteriores era conhecido como "a Presença Real" e das memórias delas foram desenvolvidos os ritos sacramentais de vários credos. A descoberta da Taça que foi retirada do homem por causa de seus pecados está por trás da lenda do Graal, na qual a Taça do contato verdadeiro com o Íntimo, em vez da Taça como um símbolo desse contato, apareceu para certas pessoas. Existem infinitas possibilidades de meditação sobre este tema, mas muito pode ser reunido a partir do que já foi dito. Pensamos em Melquisedeque trazendo de volta o símbolo sacramental a Abraão; que sua casa ficava em Vênus-Lúcifer e que há uma antiga lenda de que o Graal foi feito de uma esmeralda caída da coroa de Lúcifer. A Taça, no entanto, era o antigo contato atlante com Deus armazenado dentro da "Tigela da Lua" - ela não continha "vinho" no sentido literal. O Senhor Jesus (um "sumo sacerdote segundo a Ordem de Melquisedeque") a reinstituiu (como em seus próprios níveis o fizeram salvadores como Orfeu, Mitra, etc.). Por trás de tudo isso está a história secreta de Israel em cujo pano de fundo se move o Sacerdote Arquetípico da Raça-Raiz Atlante-Semita.

## Notas Diversas sobre Astrologia

1. O Zodíaco está sob a influência dos (12) Raios Cósmicos, e a verdadeira influência Zodiacal sobre o ser humano data não daquela que opera no momento da data de nascimento de sua presente encarnação, mas dos "agrupamentos" Cósmicos em ação no momento em que a Centelha Divina descendo os planos (ver "Doutrina Cósmica") recebeu a impressão de alguma força Zodiacal especial. Esta força, se verdadeiramente discernida, seria aparente nas posições astrológicas de cada encarnação - também seria

possível fazer das influências individuais em ação no Espírito um cálculo um tanto análogo ao da Precessão dos Equinócios em ação no Sol; o assunto é difícil e requer conhecimento especializado e experiente. Cada Centelha Divina é respectivamente influenciada por um dos doze grandes "Conceitos da Verdade" que estão por trás dos doze Grandes Raios. Esta é a verdadeira astrologia fundamental que cobre uma evolução. O trabalho do Zodíaco Menor durante uma encarnação é trivial em comparação, embora seu entendimento possa ser muito útil.

2. O Zodíaco não é tanto um cinturão imaginário quanto "zonas" ou "raios" de influência tocando a Terra em certas estações. É melhor considerado em conjuntos de quatro constelações. Os três modos de força - Cardeal, Fixo, Mutável - referem-se aos três Raios de Vida; existem três conjuntos desses balanceados com os Três Raios de Destruição. Cada modo Zodiacal está alinhado com um desses Raios de Vida. Os Raios de Vida e os Signos Zodicacais a eles equiparados variam com cada evolução: as Quatro Sagradas Criaturas da presente evolução não se classificavam como tais antes desta Evolução - apesar das influências que derramam. Na próxima evolução, os quatro Signos "Mutáveis" serão "sagrados". Os Signos do Zodíaco são a base mística do Cosmo.

3. A passagem do Sol pelo Zodíaco assemelha-se à "reunião dos membros de Osíris", isto é, à construção na Individualidade das experiências adquiridas nas várias encarnações. Estes podem ser considerados de uma maneira como "tipos de evolução" no Caminho. Os cavaleiros de Arthur, os Doze Apóstolos, e grupos semelhantes podem ser considerados figuras alegóricas dessa maneira, bem como fatos históricos em alguns casos.

Se considerarmos o poder do Sol no horóscopo como tendo os quatro aspectos do horizonte, zênite, pôr do sol e nadir, e atuando não apenas através do próprio Signo solar e do Ascendente, mas também através de qualquer Signo ou Planeta que esteja no cúspide das Casas X, VII, e IV, respectivamente, descobrimos que isso se reflete no horóscopo do iniciado pelos quatro grandes aspectos egípcios - Ra, Osíris, Turn, Khepra. O próprio Sol é um reflexo de Sirius; Vênus eventualmente transcende em Sothis (Sirius), a casa de Ísis.

4. As mudanças evolutivas já estão começando nas esferas Cósmicas. Perto do final de uma Evolução (cobrindo uma vasta extensão de tempo) a própria forma começa a se alterar - como aconteceu no final da Era Atlante. Nesse momento, grandes Seres Cósmicos assumem o lugar daqueles que estavam anteriormente no comando e as condições "externas" da terra e do homem começam a mudar, em grande parte por causa de "raios" ou "influências" de forças estelares distantes entrando em operação.

## Contato com Eu Inferior/Superior e Martírio

O Eu Superior entra em contato com o Eu Inferior de várias maneiras. No início, os contatos são raros e, para aqueles que "nasceram uma única vez", podem acontecer apenas uma ou duas vezes na vida, se apresentando como uma consciência intuitiva antes de algum evento importante. Um mártir é sempre um iniciado em algum grau, mesmo sem qualquer experiência ou treinamento esotérico; em tal tipo, uma convicção muito profunda pode ser enviada pelo Eu Superior, sobre a qual o Eu Inferior deve agir a todo custo, mesmo resultando em sofrimento e morte. O Eu Superior não está, é claro, preocupado com o que o Eu Inferior entende como os direitos da religião ou política, mas está ocupado com alguma questão kármica a ser ajustada pela morte do Eu Inferior ou por algum motivo surgido da Lei Cósmica totalmente desconhecido para o Eu Inferior, velado por trás de alguma doutrina ou conceito. O mártir pode muito bem selar com seu sangue uma causa a qual no Eu Inferior ele desconhece completamente.

# O Glifo da Crucificação
(considerado sob dois aspectos).

1. O símbolo mais importante é o da Alma do Mundo e sua Crucificação. Nosso Senhor "concretizou" ou "aterrou" este glifo em seu tipo de morte. A Alma do Mundo, entretanto, está crucificada na Cruz dos Elementos, uma cruz que está continuamente expandindo seus braços através do desenvolvimento evolutivo e, em questões materiais, através da pesquisa científica. A Cruz Elemental deve atingir seus limites máximos de expansão no mundo atual e ao mesmo tempo ter cada braço em perfeito equilíbrio com os demais. A *macrocósmica* Mãe das Dores e o Grande Professor de cada lado da Alma do Mundo na Cruz Elemental constituem este grande glifo. *Microcosmicamente*, eles são representados por Nossa Senhora e São João em cada lado da Cruz do Calvário. Assim, o "aspecto escuro" de Binah (Ama) é uma figura em pé (o "aspecto branco", Aima, é uma figura sentada). O hino *"Stabat Mater Dolorosa"* é muito significativo, pois trata-se em forma e força de um rito de Binah, incluindo sua estrutura de rima tripla.

A dor do pesar no *macrocosmo* implica a realização da Grande Lei, mas no *microcosmo* implica a não-realização. No entanto, quanto mais profunda é a capacidade de sentir essa dor, mais profunda é a realização eventualmente alcançada.

2. O Universo é uma forma-pensamento Logoidal e seu desenvolvimento é o desdobramento, por assim dizer, de um sonho de Deus. Assim como acontece com os sonhos do homem, o Sonho Superno é "interpretado" por meio de uma cifra de condições análoga ao que os homens chamam de símbolos. A cifra deste mundo é melhor descrita como uma Figura em uma Cruz. O Logos está ciente de Sua criação em uma forma sumarizada que gradualmente desdobra seu significado: Imagens como esta podem ser chamadas de Arqui-Arquétipos.[3] Não importa muito o nome

---
[3] Veja a *Árvore da Vida*.

dado ao Símbolo do Mundo. Pode ser denominado "Espírito crucificado na Matéria" ou "Homem na Cruz dos Elementos", e pode estar alinhado com o evento histórico perto de Jerusalém cerca de 2.000 anos atrás. Tal Símbolo está fadado a eventualmente se tornar conectado esotericamente com cada um que alcança esta Evolução. A realização é feita *primeiro* por meio de um Redentor que traz A Imagem a Malkuth; é *finalmente* feita pelo indivíduo em um sentido individual. Em cada lado da Alma do Mundo está uma figura - uma é da Virgem-Mãe que traz a dor do pesar tanto para a geração quanto para a regeneração, a outra é a Mente da Alma do Mundo que observa ao lado dela para dar-lhe coragem e ajuda e é o símbolo dos Guias e Mestres. A história cristã tomou Nossa Senhora e São João como representantes de um vasto glifo Cósmico que existia *antes do* Tempo. No entanto, esses representantes, estando alinhados com o glifo no *Tempo*, tornam-se eles próprios 'glifos do glifo'.

A vinda do Cristo Cósmico na Era de Aquário, o retorno do redimido "Merlim"; "Arthur" e as Figuras Arturianas nas esferas Raciais referem-se ao tempo em que o próprio homem assumirá os remanescentes de seu karma não resolvido pelo último Grande Redentor. Este karma individual - seja entendido a menor parte do karma - deve ser totalmente realizado para que possa ser ab-reagido. Nosso Senhor assumiu o que pode ser descrito como o "desequilíbrio em massa" de toda a Evolução e os aspectos do pecado individual que estavam obstruindo a Maquinaria do Universo. O peso de milhões de anos de pecado foi, portanto, colocado sobre o Bode Expiatório Divino, que o ab-reagiu no curto espaço de tempo que conhecemos. Essa conquista mostra a vasta importância da realização em comparação com o valor relativamente pequeno do próprio tempo. É de vital importância entender o que é REALIZAÇÃO e que ela tem pouca conexão com o tempo do plano físico. A verdadeira realização em sua miríade de graus de intensidade implica alguma medida de ab-reação definitiva do karma e a ruptura do Véu entre o homem e sua origem Cósmica; este Véu foi interposto na Era Lemuriana pelo Pecado Lemuriano.

Antes deste Pecado e da diferenciação dos sexos na evolução, o ser humano consistia no Eu Superior em contato com a Centelha Divina; não havia Personalidade como a conhecemos agora. As primeiras "projeções" do Eu Superior, como agora as entendemos, evoluíram em torno do "Ego" criado como resultado da Sombra Lemuriana.

## Notas sobre Loucura, Pecado Lemuriano, etc.

A atitude Aquariana em relação à loucura será muito diferente da Pisciana, que vem acompanhada de tanta vergonha e constrangimento. Tem sido considerado uma coisa terrível ter um membro da família em um asilo, mas na Era de Aquário muito mais pessoas serão tratadas abertamente em hospitais psiquiátricos e muitas irão para lá por sua própria vontade. A cura na Era de Aquário será mais direcionada aos conflitos e problemas mentais do que às doenças físicas. Essa mudança está relacionada com o início da dissolução final da separação do "Ego" e com a compreensão correta do Anel-Caos.[4] A loucura implica uma recusa em aceitar a realidade do Anel-Caos como um bloco de impulso e a negação da necessidade de aceitar e buscar a Mudança. É uma visitação muito severa das forças da Sagrada Terceira Sephirah (Binah), pois as forças da Mãe Negra (Ama) e do Anel-Caos são uma só. A dissolução do Ego é o Terceiro Nascimento e envolve uma "saída da própria mente" esotérica, deliberada e totalmente controlada em direção ao Todo Cósmico. Qualquer recusa em aceitar a dissolução do Ego acarretará em transtorno mental, pois, nesse estágio, se o Ego não for obediente à Lei evolucionária, ele pode se tornar tão inflado que romperia seus limites involuntariamente e fora de todo controle consciente. Pode-se dizer que a diferença entre a loucura e o Terceiro Nascimento é que na loucura o Ego rompe seus limites involuntariamente, e no Terceiro Nascimento o Ego com conhecimento e dedicação é conscientemente dissolvido - há um

---

[4]Veja *A Doutrina Cósmica*.

"rasgar do Véu" deliberado e consciente e o adepto assume seu trabalho como uma parte evoluída do Grande Todo, "individual", mas não "separado".

A "Sombra Lemuriana" foi fundamentalmente o "Pecado da Separação".

No início, pretendia-se que a evolução procedesse pela experiência de diferenciação como resultado dos fatores epigenéticos nos Átomos (usando a terminologia da "Doutrina Cósmica"), mas o resultado do Pecado Lemuriano foi a separação entre o Eu Superior e os veículos inferiores e a forma física, acarretando, como um dos muitos maus resultados, a perda de memória dos estados superiores de consciência. A Centelha Divina (ou Consciência Logoidal) não poderia evitá-lo, pois não pode em seu próprio plano fornecer o aspecto formativo necessário para a manifestação. A manifestação do plano físico, portanto, desenvolveu a consciência do "Ego" - a consciência de um ser *separado*. Se tivesse havido "diferenciação", e não "separação", a consciência resultante teria sido a de "individualização": muito reside na compreensão e realização da diferença entre o que teria sido a "consciência de individualização" e o que é a "consciência do ego" ou "consciência de separação". O homem deve finalmente alcançar a "consciência de individualização" em que a Centelha Divina, Eu Superior e Eu Inferior estarão todos em função harmoniosa e a consciência do corpo de Malkuth será reconhecida pelo que realmente é, uma célula no corpo do "Mãe Terra". Um problema básico da Evolução humana como resultado da "Queda" é o conflito no indivíduo entre os aspectos Elemental e Espiritual da Vida Única. Em suas formas mais severas, esse conflito leva a um tipo de esquizofrenia em que a vida Elemental da pessoa se torna uma existência bastante separada da espiritual.

*Observação*. Este assunto é muito profundo e difícil. A linguagem usada e as ideias comunicadas são, por assim dizer, "aproximações"; isto é, pretendem levar a uma compreensão do assunto, em vez de fornecer definições concretas e fixas. Esses comentários se aplicam também ao Glifo da Crucificação. De um modo geral, esses ensinamentos da Tradição são dados para ajudar a mente a chegar às suas próprias conclusões e realizações.

## Pã como Símbolo

O "Grande Deus Pã" em sua compreensão final é uma figura Chokmah no Sistema Solar-Logoidal. Ele é um símbolo que guarda relação com o símbolo da "Serpente-que-segura-o-rabo-na-boca". No Grande Deus Pã reside a compreensão tanto do início quanto do fim da força sexual. Ele representa o "despertar de Kundalini" e também representa aquela força usada a serviço da magia superior da sabedoria. No entanto, qualquer figura que represente o início e o fim conjugados ainda é um símbolo e deve eventualmente desaparecer para dar lugar à Realidade. A Realidade do Grande Deus Pã não pode ser nada menos do que uma parte do Logos Solar.

Deve-se trabalhar sobre o dito "todos os deuses são um deus e todas as deusas são uma deusa e há um Iniciador" constantemente. O "um Iniciador" está aumentando a realização como resultado da integração crescente do Eu Superior e da Personalidade que leva à "Sala Vazia" em Da'ath. Portanto, em graus variados e em diferentes níveis, todos os deuses e deusas representam aspectos do Deus Único que é tanto "masculino" quanto "feminino".

## Byron

Forças não-humanas às vezes ensombram os humanos e trazem influências de outros Grupos Raciais que não são humanos. Os vários Grupos Raciais diferem em suas influências, daí os diferentes tipos de Elementais "vistos" em vários países. Byron é uma ilustração de alguém influenciado pelas Forças de mais de um Grupo Racial. Além disso, ele tinha uma forma demoníaca de "daimon" ensombrando seu Eu Superior e este daimon não teve oportunidade naquela encarnação de se manifestar, exceto através do intelecto. As forças revolucionárias em ação na época de Byron foram capazes de usar esse daimon dinâmico até certo ponto, mas mais da metade permaneceu sem expressão. Assim, há uma sensação de algo "se despedaçando" o tempo todo e tendo que fazer tudo o que pode com a maior urgência, já que o tempo era curto (O poeta morreu aos 36 anos).

## Forma
### (Em Binah e Yesod)

Binah representa o *conceito* por trás da Forma e seu Arcanjo representa a Inteligência por trás da Forma, "o Construtor sem Forma da Forma" trabalhando por trás dos Aspectos Escuros e Brilhantes. Yesod representa a malha etérica da Forma.

## Cura e os Quatro Elementos

A Era de Aquário está especialmente preocupada com a "cura pelo Ar" através do uso da mente humana e de certas Forças do Ar - daí as referências de Steiner ao valor do visco, que é um símbolo do Ar. Nesta Era, além do aspecto especial do Ar, os valores de cura de todos os Quatro Elementos devem ser restabelecidos e o poder de cada um deve ser realizado. Em cada Elemento existem Forças nocivas e também curativas. Os grandes curadores das Eras anteriores trabalharam principalmente por meio de um certo "raio" do Sol e em diferentes níveis desse raio. Nosso Senhor usou este raio solar conduzindo-o através de si mesmo até os outros. Outros curadores solares usaram outro nível deste raio e o colocaram em contato com o Eu Superior do paciente, de onde se aproximou de sua Personalidade; eles não foram, é claro, capazes de contatá-lo com o maior grau de força usado por Nosso Senhor.

# Arquétipos
### (consulte também as notas anteriores)

Deve-se lembrar que os Arquétipos, embora possuam um certo aspecto definido de força, funcionam em fases. Assim, os três grandes Aspectos Logoidais (Amor, Sabedoria, Poder) trabalham cada um em três fases. Por exemplo, o Aspecto Sabedoria atua por meio da Sabedoria-sabedoria, Sabedoria-poder, Sabedoria-amor. No desenvolvimento de um iniciado, pode às vezes parecer ocorrer um retrocesso a um tipo de manifestação que se pensava ter sido deixada para trás, mas o que realmente acontece é que durante o desenvolvimento iniciático cada Caminho é refeito em um arco superior. Assim, uma força arquetípica pode retomar o trabalho dos anos anteriores, mas em um nível superior. A curva inferior de uma nova espiral de evolução corresponde à curva ascendente da espiral anterior.

# O Vigia

O Vigia (ou Vigia na Torre) é uma figura arquetípica às vezes usada nos Planos Internos para ajudar a alma a realizar seu verdadeiro destino. Ele representa a eterna porção indestrutível de cada um - ligando o Eu Superior à Centelha Divina. O Vigia reconhece apenas a Realidade e, portanto, suas ações procuram destruir tudo o que impede a realização do destino de uma alma. A parte temporal de cada um é finalmente destruída porque não é reconhecida pelo Vigia. Ele é uma figura de Eternidade, imóvel, imutável, pertencente ao Passado, Presente e Futuro, tornando-os um. É uma figura de Da'ath, relacionada à Mente Abstrata e aos Planos Causativos. Hórus às vezes é chamado de Senhor da Era de Aquário. Ele é um ser completo alado contendo dentro de si seu pai Osíris e sua mãe Ísis. Ísis e Osíris eram um único ser nos dias primevos e mais tarde se dividiram em dois. Seu filho representa cada um no novo arco - unidos mais uma vez em um único ser. Assim, Ísis e Osíris representam a boa Era Lemuriana primordial e Hórus representa a versão Aquariana completa daquela Era elevada a um nível espiritual - daí as asas.

## Almas Presas à Terra

As almas presas à Terra podem, de maneira geral, ser divididas em dois tipos.

1. O tipo de alma que, por causa de implicações kármicas, tem forte contato com as condições da Terra.

Na fase seguinte à morte física, esse tipo pode facilmente ser atraído de volta porque as vibrações da "terra" são mais fortes do que o corpo espiritual da alma até que tenha transcorrido um certo período de tempo em que o corpo espiritual possa ser construído para atuar nos planos superiores e mais sutis. Esta é uma das razões pelas quais os "anjos" assistem à morte de um homem - eles o protegem durante a fase de ajuste às novas condições, suas vibrações o ajudam a se mudar para uma "nova mansão".

Se a alma é puxada de volta, geralmente é devido a fraqueza na natureza ética ou a uma inundação pelas forças da terra devido a fatores evolutivos e kármicos especiais com os quais ela está envolvida - muitas vezes em relação a outros que ainda permanecem no plano físico. Tais almas são sempre ajudadas nos Planos Internos por seres humanos mais evoluídos, bem como por anjos.

2 O tipo forte de alma que, para atender às suas próprias conveniências, deseja permanecer o mais próximo possível das condições terrenas, recusando-se a passar pelas experiências subjetivas que irão construir o corpo espiritual.

Este tipo de alma percebe que sem "um corpo" as forças começarão a se desintegrar, a se espalhar e que isso significará a destruição de seu modo de vida. Ela, portanto, trava uma luta tremenda, causando o que é conhecido como "assombração", e pode, para se manter, usar a obsessão de animais e criaturas de menor desenvolvimento. É necessário para o Adepto: lidar com tais casos porque envolvem a "vontade" de um homem. Se um caso fosse tão severo a ponto que a "vontade" tivesse que ser quebrada, o resultado seria a desintegração da alma humana; os Adepti trabalham para alterar a "vontade" se possível. Os desagradáveis, assustadores e às vezes perigosos sintomas de assombração se devem ao fato de que, em virtude de seu grau superior, esse ser humano falecido pode, por um certo período de tempo - até que as forças Cósmicas superiores erijam uma parede de pressão para evitá-lo - manipular e controlar as vibrações da "terra" ou de um tipo inferior de ser.

Um Adepto do Plano Interno é prejudicado em seu trabalho neste tipo de condição por não ter uma forma física com a qual ou por meio da qual trabalhar, porque as forças superiores, que estão sendo trazidas para baixo para erigir a parede de pressão que efetivamente selará a alma para além dos contatos terrestres, precisam ser "aterradas" por meio de uma forma física. Do contrário, a parede, por mais forte que seja, carece de raízes e a alma, presa à terra e de grande força, irá derrubá-la. Além disso, uma assombração é alimentada pelo medo. Por essas razões, os Adepti precisam em tal trabalho do Adepto forte no Plano Físico com compreensão compassiva. Os Adepti no Plano Interno lidam com as forças Cósmicas e a Individualidade do homem; a cooperação do Adepto do Plano Físico é necessária nos níveis inferiores das forças da Terra e da Personalidade do homem envolvido. Se for bem compreendido, esse trabalho tem um efeito regenerativo em todos os que estiverem de alguma forma envolvidos.

## A Terra e Vênus

A Terra foi "encarnada" na esfera de Vênus em uma fase muito inicial. Consequentemente, há um contato entre Vênus e a Terra.

Netzach tem a Rosa e a Lâmpada - dois grandes símbolos Rosacruzes - como suas, também tem o cinto ou zona. Netzach tem muito mais importância do que apenas ser a esfera do romance. Aqui são encontrados três símbolos usados pelos Rosacruzes, e aqui está a esfera da qual o grande Manu trouxe os três presentes ao homem.

A zona ou cinto possui um significado interno do contato da Terra com Vênus. (A lenda do cinto de Ishtar - a última posse que a deusa foi chamada a entregar no Submundo durante sua busca por Tammuz - deve ter tido um profundo significado espiritual).

A Terra entrou em contato com a consciência espiritual profunda durante sua fase de Vênus e os ensinamentos espirituais de Vênus vieram para a Terra em sua fase atual, através do Manu Melquisedeque. Entre os três símbolos de Netzach na Qabalah Mística e os três presentes do Manu, há um alinhamento interno de significado, embora não de forma; a Lâmpada está assim alinhada com o Asbesto, pois somente quando um homem pode suportar o Fogo e a Água espirituais ele pode segurar aquela Lâmpada em suas mãos. Esta é a esfera que contém a Lâmpada que abriga e mostra a Chama. A Chama é extraída de Chokmah e alimentada por Geburah, mas mostrada à Terra por Netzach. Netzach é, em uma tradição, a fonte do Graal - a esmeralda que caiu da coroa de Lúcifer quando ele veio para a Terra.

## Astrologia

(1). Diz-se que as primeiras forças formativas fluíram sobre a Terra a partir do olho da Constelação de Touro - associada a Aldebaran.

(2). Nos primeiros dias da Lemúria, certos Adepti vieram para a Terra do planeta Júpiter, que contém um "esquema secreto" conectado com a Terra.

## Forças Raciais

Nesta era, todas as forças Raciais estão passando por mudanças; os próprios Anjos Raciais estão sendo influenciados por outros Seres Cósmicos a partir de esferas mais remotas.

Quando um homem reencarna, a Raça para a qual ele é enviado não é de forma alguma uma questão de acaso, pois as diferentes lições necessárias e os diferentes detalhes kármicos a serem trabalhados nem sempre podem ser encontrados na Raça para a qual pode haver uma gravitação natural de vidas passadas. Neste fato podemos encontrar um entendimento do "traidor", o "pacifista agressivo" e tais figuras que tiveram, provavelmente na 1ª encarnação, ligações com uma Raça que na época eram legítimas, mas agora podem estar deslocadas. O homem não evoluído costuma ser influenciado até certo ponto por seu antigo Anjo Racial. O homem mais evoluído percebe que seu dever é para com seu Anjo Racial atual, mas sua vida passada pode capacitá-lo a ter especial habilidade em lidar com a força "inimiga" em tempo de guerra.

As Raças hoje em dia são menos definidas pelo sangue: tendem a existir em categorias de linguagem, o sangue sendo cada vez mais misturado. As influências do território sobre o qual uma Raça foi estabelecida pela primeira vez continuam como um elemento subconsciente ou, dito de outra forma, pessoas da mesma língua são herdeiras das forças da terra em que a língua amadureceu. O vínculo de sangue representa o Elemento do Fogo, ao qual, de fato, os Anjos Raciais também pertencem. O vínculo de linguagem representa o Elemento do Ar. Há muito a se aprender sobre isso no estudo do ocultismo da fala. Com o passar do tempo, tenderemos a recuar para uma Raça-Raiz e a Europa agora tende nesse sentido (e a Grã-Bretanha está incluída). A Raça russa se dirige para o Oriente, para se juntar mais uma vez às potências mongóis via Sibéria. Por trás dessas potências mongóis estão forças remotas para o bem trabalhando do Tibete muito gradualmente sobre a Rússia.

A fórmula simbólica da Raça e da Linguagem é a Torre de Babel. Esta Torre foi construída fora do tempo e, portanto, teve que ser destruída. Agora deve ser construída, pois agora tendemos legitimamente a "alcançar os céus" e a ter "um único idioma".

# Vaidade

Além de suas manifestações mais facilmente reconhecíveis, a vaidade pode ser o resultado de uma forma de ódio e desgosto pela Personalidade por um aspecto "adverso" de um Eu Superior. Em tal caso, provavelmente será perceptível que a Personalidade dos primeiros fora rejeitada por aquele aspecto adverso e que o instrumento fornecido para a encarnação fora recusado ou tenha tido suas experiências rejeitadas. Uma espécie de ódio pode ser dirigida o tempo todo pelo que parecem ser os níveis internos da Personalidade contra a própria Personalidade, resultando em uma forma lenta e insidiosa de suicídio. Bajulação ou mesmo conforto oferecido por outros não são aceitáveis para esse tipo de vaidade, que só consegue ter em mente seu próprio reflexo pervertido. Assim, as opiniões pervertidas da falsa imagem ou aspecto enviesam todas as questões relativas a esse Self. O amor-próprio e o ódio-próprio são duas faces da mesma moeda.

# Anjos Raciais
### (veja também acima)

Esses anjos estão evoluindo de certa forma como os Eus Superiores dos seres humanos e precisam progredir para outros estágios de desenvolvimento, o que, no caso deles, significa trabalhar por trás de uma Raça diferente. Tal como acontece com os homens, a força principal do Anjo Racial pode se concentrar fora do alinhamento verdadeiro com sua fonte e então muito frequentemente um poder maligno usará a força do Anjo Racial, do mesmo modo que uma Personalidade maligna utilize a força de seu Eu Superior de maneiras erradas.

Os anjos raciais podem ser comparados até certo ponto com o Anjo Guardião conectado ao indivíduo. Estes últimos são encarnações da Vontade Logoidal, separada em uma entidade ligada a cada unidade humana quando a diferenciação espiritual ocorreu. Os Anjos Raciais são entidades que mantêm um dos aspectos especiais do Manu que primeiro guiou o ramo principal da Raça. (Assim, o Líder Ariano Rama deixou aspectos de seu poder nas várias Raças Arianas.)

Os Anjos Raciais - quando devidamente evoluídos - ganham um assento na Távola Redonda sideral. De vez em quando, introduz-se alguma medida política que marca esse conceito. Repetidas vezes também se descobre que o assento não será ocupado senão depois de muito tempo - assim como um homem não pode se sentar à Távola Redonda até que seja rei de si mesmo. Os Anjos de raças grandes e atrasadas não estão no mesmo estágio que os Anjos das nações relativamente desenvolvidas. Há uma falta de coesão em tais veículos raciais que normalmente não são soldados adequadamente com a Mente Coletiva. Em tais condições, um grupo com força e intrigas pode interpolar um "falso" Anjo e esse "falso" Anjo tomar o lugar do verdadeiro Guardião Racial, que não estava fortemente ligado ao Grupo.

Onde se amalgamam várias Raças em uma, os vários Anjos Raciais existem em uma aura, e esta aura pode ser considerada como uma vasta Superalma. Desta forma, os vários grupos felinos são incluídos na Superalma ou aura do Arqui-Leão, e a Terra e a Lua atuais são partes de uma Superalma ou aura.

## Uriel e Sandalphon

Uriel é o Regente do Elemento da Terra, Sandalphon da Esfera da Terra (Malkuth), e eles têm uma relação interligada, cada um sendo Regente de um aspecto de força mais denso.

## Sandalphon

Sandalphon governa a estrutura das formas de vida deste planeta - assim ele governa a evolução da consciência e da forma na terra e assim é o Governante das "Almas do Fogo", que é um nome simbólico para a consciência dos átomos.

## Uriel

Uriel governa as forças básicas da própria Terra, particularmente os poderes sísmicos, e estava conectado a este planeta antes que o homem o habitasse. Ele guiou a evolução da terra antes que sua forma se solidificasse, quando ela passava por seus estágios de fogo e água. Diz-se que ele predisse os cataclismos da Atlântida e que foi o professor de Enoque. Uriel trouxe o grande Dilúvio - ou, pelo menos, administrou-o à terra como um servidor de Potências maiores. Por meio de sua agência, Fogo, Água e Ar estão esotericamente "autorizados" a trabalhar na terra. Ao mesmo tempo, Uriel era um Regente na Antiga Lua e parte de seu poder se relaciona, portanto, com a Terra Interior.

## As Potências da Terra Interior

*As Potências da Terra Interior* se relacionam com a Antiga Lua (a lua que precedeu o planeta atual) e com os dias anterior a Atlântida, quando a consciência humana tinha algo da natureza do Atziluth de Yesod. A Terra Interior está conectada com um certo tipo de cura física porque contém a primeira manifestação dos Quatro Elementos e os componentes primários do corpo humano.

## Raphael e Michael

Raphael e Michael são, às vezes, atribuídos ao Sol.

## Raphael

Raphael representa as forças básicas do Sol, pois ele "permanece dentro do Sol".

## Michael

Michael representa as forças solares em seu aspecto de poder espiritual. Assim, ele dirige um aspecto do poder por trás do "Herói Solar" - seja deus, semideus ou humano, e, representando o Fogo Superno, está encarregado de guardar a consciência contra as abordagens do Fogo Infernal. Michael é o governante dos sagrados Beni Elohim. Uma seção "profana" desses Beni Elohim ajudou na Magia Negra de Atlântida.

## Persistência

O conceito esotérico de Persistência como virtude não é de forma alguma uma forma de "mentalidade de escravo"; é a força das rochas que não podem ser movidas e plena consciência dessa força.

## Saturno e uma observação sobre Animais

A "evolução saturnina da humanidade" foi a Idade de Ouro, pois Saturno foi o primeiro "sol" de nossa humanidade - não o Sol-por-trás-do-sol, mas simplesmente o primeiro sol. A matéria foi então retirada daquele planeta e usada em outros planos e Saturno se tornou o "planeta da Morte e da Constrição". (Os arcos superiores da Mãe Negra lidam com a destruição e construção dos destroços dos universos, ou seja, o Caos.) Esse foi o Éden ou a Idade de Ouro e há muito interesse em seu simbolismo. Saturno estava conectado tanto com desenvolvimentos solares quanto lunares de Eras muito remotas. Seu metal mágico é o chumbo; transmutar esse metal-base em ouro é uma operação alquímica simbólica bem conhecida. A *profundidade* desse simbolismo reside no fato de que o chumbo deve ser transformado *de volta* em ouro. Há uma menção na Doutrina Cósmica da estrela Alpha Centauri, e a estrela $\gamma$ (Gamma) daquela constelação foi a primeira contatada pela Mente Logoidal ao contemplar o início da evolução humana na *forma*. Os animais superiores são desenvolvimentos de "experimentos" Logoidais que poderiam ter sido humanos se suas Sobrealmas não tivessem falhado em certos pontos. Os quatro tipos mais elevados, entretanto, têm grande participação no projeto do homem - as Quatro Sagradas Criaturas Viventes. No entanto, foi na esfera do Centauro que alcançou-se algo do verdadeiro projeto. Consequentemente, o Centauro é uma constelação de grande importância e o equivalente astrológico, se forte em um horóscopo, pode indicar uma aptidão especial para a compreensão da humanidade. É fácil ver também como o uso profundamente degradado do conhecimento desses assuntos foi uma espécie de inspiração maligna para os pecadores Lemurianos.

## Arquétipos
(veja também acima)

A coalescência com um Arquétipo Cósmico é um ato muito significativo. Significa que um conceito espiritual recebido da Mente Logoidal se torna uma realidade em Malkuth porque é vivido. Este conceito é dado pela primeira vez à humanidade na forma de um mito - e um mito pode ser comparado a um sonho do Inconsciente Logoidal que então se traduz em uma projeção da consciência humana. Trabalhar em um Arquétipo ajuda uma alma, grupo ou nação a redimir e assimilar um aspecto de si mesmo que havia sido previamente rejeitado ou projetado. Portanto, existem muitos tipos de Arquétipos, alguns lidando com a Personalidade especificamente, alguns com a Individualidade, bem como os Arquétipos universais e Logoidais, que podem ser aplicados a grupos e nações. Tudo isso faz parte do processo de integração.

## Pendragon

O símbolo do Dragão de Arthur refere-se à Lemúria quando a constelação de Draco continha a Estrela Polar. Torna-se também a Serpente Alada da Sabedoria Superior ou a Serpente Maligna.

## Morte, Mudança, Reencarnação, etc.

O sistema de "mudança" - que mais tarde se tornou "morte" - era, a princípio, estágios de retirada do plano terrestre; a corrupção do veículo físico ainda não havia se tornado estereotipada. O próprio veículo físico dificilmente era físico no sentido em que agora usamos a palavra; era um veículo etérico densificante que poderia ser descartado como uma pele completa que outro ser humano poderia então usar enquanto o antigo ocupante retornava às fases da vida do plano interno até que mais uma vez entrasse em contato na realização de suas próprias origens na entrada no Sistema Logoidal Solar - passando mais uma vez em sentido contrário pelo caminho da evolução humana como era então. Essa jornada, à qual o ser encarnado trazia sua própria experiência e acrescentava sua própria cota de desenvolvimento, era muito mais simples e mais curta do que agora, pois estamos falando dos primórdios da história humana. Agora, o processo é longo e intrincado, pois após o término de um período de desenvolvimento na terra, por meio da morte física, o espírito do homem passa por uma longa jornada de processos interencarnacionários nos quais as fases evolutivas do Eu Superior são recapituladas novamente através das cadeias anteriores de seu desenvolvimento antes que a humanidade vivesse na terra atual. Isso acontece ao mesmo tempo em que a Personalidade e os veículos superiores recapitulam e absorvem na meditação as experiências da encarnação que acabou de terminar.

Todo progresso segue a lei da recapitulação, que envolve as grandes leis da mudança, da transmutação e do sacrifício. A recapitulação física pode ser observada nos estágios iniciais do embrião humano. Na Era de Aquário, Yesod está muito preocupado com a redenção e o equilíbrio.

## Nota sobre os veículos internos do homem

Na "Idade dos Heróis" (e mesmo em dias posteriores entre os filósofos gregos), a mente não funcionava exatamente da mesma maneira que hoje. Na Idade dos Heróis, a mente concreta certamente estava em uso e se desenvolvendo, mas não tão desenvolvida como mais tarde. Segue-se que os grandes Arquétipos e os Princípios por trás deles atuavam por meio do corpo etérico de uma maneira que não é possível hoje em dia. Consequentemente, nos contos daqueles dias, pode-se discernir uma grandeza macrocósmica no microcosmo. A mente concreta desempenhava um papel relativamente menor na constituição do homem, mas a mente Abstrata normalmente estava em contato com o "pensador" da época. Atualmente, o inverso é o caso, pois a Mente Abstrata retrocedeu nos não iniciados em geral e é o destino do homem moderno trabalhar tanto quanto possível *por meio* de sua mente concreta. Assim, tudo hoje é necessariamente visto de uma perspectiva diferente. Grande heroísmo de fato existe hoje, mas não se reflete, por assim dizer, *diretamente* no etérico a partir dos níveis macrocósmicos. Para a mente moderna, por exemplo, o arrastamento do corpo de Heitor por Aquiles depois que este o matou parece cruel e terrível, mas é provável que mesmo os troianos não tivessem essa opinião na época. Foi uma vingança "gigantesca" na grande escala de Heitor e Aquiles - uma vingança da qual participaram as Superalmas de gregos e troianos. Assim nasce o drama ou, na linguagem dos Mistérios, constroem-se e trabalham-se os rituais.

## Os "Mestres"
### (veja também acima)

No Oriente - especialmente na Índia - as condições e a atmosfera são muito mais fáceis de manipular a partir dos Planos Interiores para fins de manifestação. Tais manifestações são dos aspectos etéricos ou sutis da matéria e, sendo da matéria, podem ser denominadas "físicas", mas essa palavra tem então um significado um tanto diferente do que normalmente é entendido por ela. Quando a Sociedade Teosófica foi inaugurada, as manifestações mais fortes possíveis dos Adepti do Plano Interno foram necessárias para marcar o ensino, mas alcançou-se o objetivo, a mesma força de manifestação não era mais necessária.

Com relação às "encarnações" dos Adepti do Plano Interno, a questão é mais complexa do que normalmente se pensa e há diferenças entre os graus de encarnação. Um discípulo adequado de um certo Mestre pode ser usado por esse Mestre, com o consentimento e cooperação do Eu Superior desse discípulo, para um tipo de encarnação, e o resultado seria pouco diferente de uma encarnação genuína pelo tempo necessário para o propósito do Mestre. A Força encarnada, entretanto, seria assim encarnada apenas temporariamente e intermitentemente e a Personalidade, assim manifestando-a, não seria sua própria Projeção verdadeira. Diz-se que um exemplo disso no nível mais alto é a manifestação durante três anos de um aspecto do Cristo no Senhor Jesus a fim de realizar uma grande obra, o alto iniciado que manifestou a Força tendo tido outras vidas na terra dirigidas por seu próprio Espírito.

## O Arcanjo Sandalphon

Este Arcanjo é o guia do planeta Terra - o Regente de Malkuth (ver *Doutrina Cósmica*). Ele tem guiado a Terra desde os dias da Lemúria e muitas de suas relações com a Terra figuram nas mitologias e nos mitos de certos deuses. Seu desenvolvimento afeta a humanidade de certa forma como a evolução da humanidade afeta o desenvolvimento da Terra (o Espírito Planetário conforme descrito na Doutrina Cósmica). Os Anjos Raciais estão sob sua jurisdição especial e certos países e suas influências são, em um sentido profundo, o resultado de seus próprios estágios de crescimento.

## Pallas Athene

A sabedoria é virgem e não adulterada. Até certo ponto está velada, pois o mundo não sobreviveria à sua visão nua. Quanto mais fundo ela penetra na matéria, mais deve ser protegida e, portanto, está armada para sua própria proteção: usa um capacete para que seu próprio fogo não destrua o cérebro; é gerada, não feita; nasce do Pai, ou seja, da Centelha Divina por meio do contato Logoidal; carrega a lança e detém todo o conhecimento. Resumindo, é Pallas Athene e em seu escudo está a Cabeça da Górgona, velada ou não.

# Dion Fortune

DION FORTUNE FOI O NOME MÁGICO ESCOLHIDO PELA PSICÓLOGA E escritora Violet Mary Firth (Llandudno, Gales, 6 de dezembro de 1890 – Middlesex, Inglaterra, 6 de janeiro de 1946).

Nascida em uma família de classe média alta, cujo dinheiro vinha da indústria do aço e das armas, seu pai administrava uma clínica de hidroterapia e sua mãe tinha envolvimento com a Ciência Cristã, grupo religioso que acredita que a prece cristã é a forma mais poderosa de cura.

Extremamente reservada sobre sua vida pessoal, pouco se sabe de sua infância, adolescência e início da fase adulta. Em 1904, Violet Firth já morava na Inglaterra, publicando um livro de poesias, *Violets*, seguido por *More Violets* em 1906. Entre 1911 e 1913, ela estudou e trabalhou no Studley Agricultural College, uma instituição horticultora que se anunciava como especializada para garotas com problemas psicológicos. O relato de ataque mágico do livro *Autodefesa Psíquica* envolve a zeladora do colégio, Lillias Hamilton.

Após se recuperar na casa da família, Dion Fortune estudou psicologia e psicanálise na Universidade de Londres, sob a tutela de John Flügel. Trabalhando como psicóloga credenciada entre 1914 e 1916, ela frequentava as palestras na hora do almoço organizadas pela Sociedade Teosófica.

Com a entrada do Reino Unido na Primeira Guerra Mundial, Dion Fortune se juntou à Women's Land Army, a organização civil que levava as mulheres para trabalhar na terra em substituição aos trabalhadores que foram convocados para a batalha. Durante esse período, Fortune se dedicou mais aos estudos teosóficos, tendo visões do Mestre Jesus e de Mestre Rakoczi.

Seu primeiro tutor mágico foi o ocultista e maçom irlandês Theodore Moriarty, que a ajudou no tratamento de um jovem que voltara da guerra assolado por fenômenos psíquicos inexplicáveis. Seu trabalho com exorcismos e defesa contra vampiros etéricos foi a base do personagem Dr. Taverner, cujas histórias curtas escritas por Dion Fortune foram compiladas em 1926 sob o título de *The Secrects of Dr. Taverner*.

Em paralelo, Dion Fortune foi iniciada no Templo londrino da Alpha et Omega em 1919, um grupo ocultista que surgiu da Golden Dawn. Sua mentora era Maiya Curtis-Webb, amiga de longa data da família Firth. Apesar da insatisfação com as "viúvas e os anciães grisalhos" e com o sistema de magia cerimonial da *Golden Dawn*, o grupo lhe deu base para estudos na Qabalah Hermética e em magia prática.

Em uma cerimônia de transe mediúnico, os "Vigias de Avalon" lhe informaram que Glastonbury fora o local de um antigo colégio druídico – foi lá que entre 1923 e 1925, em conjunto com Charles Loveday, Dion Fortune recebeu o texto de *A Doutrina Cósmica*, material que manteve reservado aos seus estudantes mais avançados e só teve publicação póstuma em 1949.

Também com Loveday Dion Fortune criou um grupo formal de ocultismo em 1924 que foi crescendo ao longo dos anos até se tornar um elemento de atrito com Moina Mathers, a dirigente da Alpha et Omega. Apesar da tentativa de Fortune harmonizar seu grupo com o de Mathers, ela foi expulsa, sendo alegadamente objeto de ataques psíquicos por meio de felinos físicos e etéricos.

Buscando mais contato com os Mestres Ascensionados, Dion Fortune se juntou à Loja Mística Cristã da Sociedade Teosófica, da qual se tornou Presidente em 1927. Buscando levar a Teosofia para uma perspectiva cristã, Fortune entrou em conflito direto com a Igreja Católica Liberal de Charles Leadbeater e do Bispo Piggott.

Por conta desse conflito, a Loja Mística Cristã se desfiliou da Sociedade Teosófica e se renomeou como a *Community of the Inner Light* (Comunidade da Luz Interior). Dentro da Comunidade foi criado um grupo para serviços eclesiástico, a *Guild of the Master Jesus* (Guilda do Mestre Jesus), renomeada mais tarde como *Church of the Graal* (Igreja do Graal). Os membros que não tinha autodisciplina para a atividade mágica cerimonial eram direcionados por Dion Fortune para a Guilda.

Ao longo dos anos, a Comunidade se dedicou à obra no "Pátio Externo", buscando alcançar o público através de palestras regulares e artigos em jornais e revistas. Nesta época, as mulheres correspondiam a mais de 80% dos membros. No Solstício de Inverno de 1928, foi ritualisticamente estabelecida a Fraternidade da Luz Interior, abrigando os três graus iniciais da Comunidade, os quais eram denominados "Mistérios Menores".

No Equinócio da Primavera de 1930, Dion Fortune anunciou que se distanciaria do trabalho público e se concentraria no desenvolvimento espiritual pessoal. No Equinócio do ano seguinte, Loveday assumiu como Magus da Fraternidade em seu lugar.

Ao longo da década de 1930, seu trabalho cerimonial eclipsou os experimentos mediúnicos. O casamento com o médico galês Tom Penry Evans, celebrado em 1927, sempre enfrentara dificuldades por conta da dedicação de Fortune ao ocultismo e após um período de estranhamento crescente, Evans pediu a separação em 1933. Dion passou a morar em uma capela presbiteriana adaptada, onde escreveu uma série de rituais, inclusive o Rito de Ísis e o Rito de Pã. Ela continuou a escrever artigos esotéricos, particularmente para a revista *Inner Light*, enquanto publicava romances mágicos; a compilação *A Qabalah Mágica* foi particularmente bem recebida.

Durante a Segunda Guerra Mundial, Fortune retornou aos trabalhos mediúnicos, organizando em particular um trabalho de proteção mágica à Grã-Bretanha. Ela nutria a expectativa que, após a guerra, a Era de Aquário entraria em vigor e buscou preparar seu grupo neste sentido, estreitando laços com outros movimentos espiritualistas e desenvolvendo a Fórmula Arthuriana, a base dos "Grandes Mistérios" da Fraternidade. Contudo, no final de 1945, Dion Fortune ficou gravemente enferma, vindo a falecer no início de 1946 por leucemia.

Durante sua vida, Dion Fortune foi reconhecida por sua personalidade dinâmica e liderança confiante. Dona de um intelecto aguçado e uma mente curiosa, aliados a uma personalidade magnética, sua reputação era de uma pessoa honesta, direta e íntegra. Apesar do tratamento franco em relação à sexualidade em suas palestras e livros, ela mantinha uma postura casta e aparentemente assexual. Fortune era resoluta em manter seu grupo e a si mesma politicamente neutros e embora não tenha se associado a qualquer movimento feminista, trabalhava explicitamente para empoderar espiritualmente as mulheres.

Suas obras principais incluem os romances *Os Segredos do Dr. Taverner* (1926), *O Touro Alado* (1935), *O Deus de Pés de Bode* (1936), *A Sacerdotisa do Mar* (1938) e *Magia Lunar* (1957), bem como os textos compilados em *As Ordens Esotéricas e suas Obras* (1928), *Autodefesa Psíquica* (1930), *A Qabalah Mística* (1935), *A Doutrina Cósmica* (1949) e *Magia Aplicada* (1962).

# Templo Livros

O CONHECIMENTO TRADICIONAL E AS VISÕES DO PASSADO DEVEM SER preservados para que possamos continuar o desenvolvimento humano na nossa amada Terra. Nosso objetivo é contribuir da melhor forma, ainda que dentro de nossos recursos limitados, para que mais pessoas participem desse grande rio eterno e em constante mutação, sentindo a fraternidade universal que nos une na experiência humana.

Contato: templolivros@gmail.com

Made in the USA
Columbia, SC
18 November 2024